中国工会工作品牌丛书

职工书屋

WORKER BOOKHOUSE

张帆◎编著

中国工人出版社

PREFACE / 前 言

打造工会品牌　服务职工群众

品牌，是被社会普遍认同、有代表意义和影响力的产品。工会工作品牌，是体现工会组织特点、被职工群众广泛接受、社会认可度高、成效显著的工作项目。改革开放近40年来，各级工会组织在党的领导下，以服务职工为己任，锐意创新，不懈努力，逐步形成了一批党政认同、社会关注、职工群众欢迎的工会工作品牌。

创始于1992年的“送温暖工程”，从以下岗困难职工为主要对象的“两节”慰问走访的“进万家门、知万家情、解万家难、暖万家心”活动，发展到凸显“制度保障”作用，将党和政府保障民生的政策资源系统集成的“送温暖工程”。各级工会组织不断加大送温暖资金投入的力度，惠及广大职工群众，成为工会服务职工群众的一道亮丽风景线。

从1985年起，中华全国总工会启动“五一劳动奖状奖章”（2016年统称为“五一劳动奖”）的评选表彰。其中，五一劳动奖状授予在我国境内依法注册或登记的非跨地区的企业、事业、机关、社会组织和其他组织以及驻外机构，五一劳动奖章授予中国籍员工。“五一劳动奖”是中国工人阶级最高奖项之一，是每一个劳动者、劳动团体的光荣与梦想。

2015年“五一”开始，中华全国总工会联合主要新闻媒体陆续推出一批我国广大一线技术工人的杰出代表，采取有力措施叫响做实“大国工匠”品牌，唱响了以劳动托起中国梦的时代赞歌。各级工会充分发挥“大国工匠”的示范带动作用，推动建设我国高素质职工队伍，造就出更多的“大国工匠”。

自2007年起，中华全国总工会开始部署创建工人先锋号活动，2008年命名首批全国“工人先锋号”。今天，这一彰显“一流工作、一流服务、一流业绩、一流团队”的荣誉称号，已经成为班组建设的助推器、培育高素质技工的学校和劳动竞赛活动的重要品牌。

2007年10月9日，中华全国总工会下发《“职工书屋”建设实施意见》，一项惠及广大职工群众的公益文化工程就此拉开序幕。历经10年发展，职工书屋（电子职工书屋）已经成为工会服务职工的文化工作品牌，成为广大职工群众读书学习的精神家园。

1983年，中央书记处作出了要把工会组织建成职工之家的重要指示。1984年，中华全国总工会在基层广泛深入开展建设职工之家活动。今天，职工之家成为充分发挥广大职工积极性主动性创造性的重要途径，成为职工群众喜爱的家的港湾。

当前，各级工会正在深入学习贯彻习近平总书记系列重要讲话精神，特别是关于工人阶级和工会工作的新思想、新观点、新要求，改革和改进工会机关机构设置、管理模式、运行机制、活动方式，探索创新城市工会工作，坚决克服和防止脱离职工群众现象，实现眼睛向下、面向基层，工作重心和资源配置下沉，推动工会事业与时俱进、开拓创新。

面对工会改革创新方兴未艾的态势，中国工人出版社适时推出“中国工会工作品牌丛书”，全面梳理“送温暖工程”“五一劳动奖”“大国工匠”“工人先锋号”“职工书屋”和“职工之家”等工会工作品牌的历史发展脉络，总结成功的模式和经验，前瞻未来发展的目标和方向，具有重要的现实意义。这套丛书生动展现了各级工会组织忠诚党的事业、竭诚服务职工的实践活动，有助于以改革为动力推动工会工作全面创新，不断增强工会组织的吸引力凝聚力战斗力，最广泛地把职工群众组织动员起来，更加紧密地团结在以习近平同志为核心的党中央周围，为实现“两个一百年”奋斗目标、实现中华民族伟大复兴的中国梦建功立业。

需要说明的是，本套丛书的内容截止到2017年9月。随着工会工作的不断推进，我们还将及时进行修订补善，更好地反映和展示工会工作品牌建设的最新成果。

CONTENTS / 目 录

第三章　成效

第四章　追求

引 言

2008 年 1 月 3 日，对于全国数亿职工来说，这是一个值得纪念的日子。

上午 10 时，全国工会职工书屋建设工作电视电话会议在全国总工会机关大楼第三会议室隆重举行，各省、自治区和直辖市同时设立了分会场。此次会议的内容是动员、部署全国工会职工书屋建设工作。

会上，北京市总工会、福建省总工会、大连市总工会和河南省安阳市内黄县总工会从领导同志手中接过了“职工书屋”的牌匾。福建省总工会副主席江孝善、辽宁省大连市总工会副主席曲朝阳、河南省安阳市内黄县总工会主席邵敬春就各自建设职工书屋、职工读书站的经验，向全国各级工会组织、工会干部们做了精彩发言。

这次大会是一个号召，是一次动员，吹响了神州大地创建职工书屋工程的号角！

从此，这项由全国总工会统一命名并主导推动的文化品牌建设工程，在祖国大江南北的一线职工特别是农民工工作和居住相对集中的基层企事业单位、城市社区、工业园区、乡（镇）村、重点建设项目工地建立起来，不断满足广大职工日益增长的精神文化需求，逐步走进普通职工的日常生活，成为亿万职工的精神文化家园。

第一章

破土

我国工会组织职工开展读书活动的光荣传统由来已久。在20世纪50年代的全民扫盲运动中，工会就发动广大职工开展声势浩大的读书活动。

1982年4月30日，上海市总工会、团市委、市出版局、解放日报社决定发起振兴中华读书活动，动员了全市20万余名职工踊跃参加，建立了1万多个读书小组。1983年4月21日，全国总工会在上海市召开全国职工读书活动经验交流会，全国29个省、直辖市、自治区和16个城市的代表参加了会议。同年5月21日，全国总工会作出《关于在全国职工中开展读书活动的决定》。5月30日，中央领导同志在中南海接见上海市振兴中华读书活动报告团并听取汇报。6月14日，中共中央在中华全国总工会党组《关于在职工中开展读书活动的报告》的批复中指出，“上海工人首倡并正在向许多省、直辖市、自治区展开的振兴中华职工读书活动，是群众自觉进行自我教育，掌握政治理论和科学文化知识的好方法，是加强和改进思想政治工作的好形式。党中央的倡导把全国职工开展的振兴中华职工读书活动推向了新的高潮。

在广泛开展读书活动的基础上，为鼓励职工自学成才，加速人才的培养和发展，1985 年 2 月 14 日，全国总工会颁布了《职工自学成才奖励暂行条例》。各省、直辖市、自治区总工会也相继制定了奖励条例，有的还设立了自学成才奖励基金，积极推动了职工读书活动的深入发展。

1997 年 1 月，在中央宣传部的组织牵头下，中华全国总工会等九个部委共同发出了《关于在全国组织实施“知识工程”的通知》，提出要实施“倡导全民读书，建设阅读社会”的“知识工程”。

2002 年以来，全国总工会在全国职工群众中组织开展“创建学习型组织、争做知识型职工”活动，号召广大职工读书成才、知识报国。

随着社会主义市场经济的发展和工业化、城镇化步伐的加快，大量农村富余劳动力向非农产业和城镇转移，广大职工群众特别是一线产业工人、农民工，越来越成为推动经济社会发展的重要力量。针对一线职工、农民工就业集中的工矿企业、产业园区职工文化设施建设相对滞后的状况，各级工会组织为了有效解决广大职工特别是农民工读书难、读书贵和文化生活单调的问题，维护职工的精神文化权益，提高职工队伍整体素质，都积极探索提高职工学习文化条件的解决之道。

满腔热血筑书屋

河南省安阳市内黄县曾是一个有着 73 万人口的农业大县、工业小县、财政贫困县。2006 年，该县的县情调查显示，全县职工呈现出“三低三多”“一少两难”的状况——职工文化水平低、技术水平低、整体素质低，喝酒的多、打牌的多、混日子的多；职工学习平台少，职工读书难、学习难。全县工会文化阵地设施建设薄弱。有些单位的阅览室充斥着假书、伪书和内容不健康的书刊读物，还有一些单位的图书虽然已经十分过时和破旧，但仍在工会图书室里供不应求。

如何深入贯彻全国总工会“创建学习型组织、争做知识型职工”的工作要求，这是全国劳动模范、内黄县总工会主席邵敬春经常思考的问题。经过多次深入实际了解职工群众的文化需求，听取职工群众的建议和呼声，县总工会决定从引导职工多读书、读好书着手，提升职工思想文化素质。

为了推动职工阅读工作，邵敬春多次积极向当地县委书记、县长做专题汇报，争取县委、县政府的支持；加大对职工阅读的宣传力度，为职工读书创造条件，营造阅读氛围。为了让职工读到更多内容健康实用、品质优良的好图书，2006年8月，邵敬春风风火火地赶到北京，向全国总工会求援，并与全国总工会直属的中国工人出版社取得了联系。尽管邵主席那带着浓重河南味的普通话不太好懂，但她一心为职工群众提高素质创造良好读书条件的强烈责任感，深深感染了每一位与她交流的人。大家一致认为，邵敬春对工作有创新意识，充满激情，值得合作支持，因此果断决定在内黄县总工会建设工会职工书屋，并将其作为一项重点工作来抓。

此后，在全国总工会的领导下，中国工人出版社多次召开社委会，对从冠名、规模到合作方式、图书选配等环节，逐一进行研究，作出赞助 4 万册图书、让利销售一部分图书的决定，并派出美术摄影部等部门的专业人员赶赴内黄县，精心提供书屋设计、品种分类、图书码放等服务。内黄县总工会则负责提供场地、设施、管理人员，共同建设工会职工书屋。

2006 年 11 月 3 日，中国首家工会职工书屋在内黄县正式落成。时任中华全国总工会副主席黄彦蓉、宣教部长谷常生，以及时任河南省总工会副主席马露霞等亲临内黄县为工会职工书屋揭牌。黄彦蓉还即席发表了热情洋溢的讲话，称赞“工会职工书屋是一个新的创举”。时任中国工人出版社社长张帆、副社长姚久强、副总编辑陈幼民等也参加了这次揭牌仪式。

揭牌仪式当天，会场上彩旗飞舞，气球标语高悬，500 多名职工和十余家新闻单位的记者来到现场，感受工会工作的这一盛况。新建的工会职工书屋窗明几净，藏书种类涉及社科、文艺、经管、励志、时尚、休闲、少儿、美术等，图书质量的提升，使工会文化阵地的形象明显改观。

内黄县党政部门和县总工会高度重视“工会职工书屋”建设，为加快建设进度，把书屋建设作为“一把手工程”列入重要议事日程。县委、县政府研究下发了《关于在全县大力开展工会职工书屋建设活动的通知》，成立了以县委书记为组长、县委主要领导和县总工会主席为副组长、县委宣传部等16个有关职能部门的主要领导为成员的“工会职工书屋建设领导小组”，形成了“党委重视、政府支持、工会运作、部门协同、企业配合、职工参与、联合共建”的运作机制。在实际工作中，各单位主要领导亲自挂帅，带头抓、负全责；县总工会主席专抓专管，具体抓、负主责。邵敬春还亲力亲为，多次下基层与各单位一把手进行深入协商，定时间、定任务、定要求，并帮助规划设计，具体指导书屋建设，为职工书屋建设提供了强有力的组织保证。

为扎实全面推进职工书屋建设，内黄县总工会还紧密结合自身的实际情况，在全县深入开展了“四级联创、五统一共建职工书屋”活动，即县、乡、村、企四级联创，统一配备书架、统一安装电话、统一调配图书、统一制授标牌、统一网络建设。同时，为解决资金难题，还积极采取“政府财政拨一点、工会经费补一点、社会动员捐一点”的办法，千方百计筹措资金，在全县迅速掀起了职工书屋建设的热潮。县人民法院做到了“三个优先”，即场地优先提供，资金优先划拨，人员优先配备；县农业局为一线的农业技术员办理了借阅卡，送书到田间地头；县第二人民医院职工书屋为全县1600余名乡村医生办理了借阅卡，共享书屋建设成果，深受好评……

如何把工会职工书屋建设好、巩固好、运作好，没有先例可循。为此，内黄县总工会多次召开会议，研究工会职工书屋建设工作，力求把好事办好、实事办实，努力把工会职工书屋打造成内聚人气、外树形象的职工素质提升平台。

创新机制，科学管理。内黄县总工会重点建立健全了三大机制：一是借阅机制。制定了一整套科学合理的借阅管理制度，并聘请技术人员，研究开发出一套适合工会职工书屋的操作软件，制作“爱心借阅卡”和农民工优惠卡，与软件匹配使用，实现了微机管理。二是配书机制。根据各单位行业性质，采取“三三制”配书原则，即中国工人出版社配一部分、单位自购一部分、职工捐一部分，确保图书的针对性和实用性。为确保图书常换常新，内黄县总工会还定期向基层提供图书目录，根据各单位性质和职工意愿，定时收集反馈各职工书屋所需图书，切实做到按需配书、按借阅量增书，构筑起畅通快捷的按需配书渠道。三是运作机制。做到五个结合：在组建形式上，做到固定书屋建设与流动书屋建设相结合；在管理方式上，做到内部管理与外部监督相结合；在配书渠道上，做到出版社统配、内黄县内部调剂和职工捐书相结合；在购卡方式上，做到单位购卡与个人购卡相结合；在服务对象上，做到服务职工与服务社会相结合。为实现资源共享，规定所有图书全部录入微机，职工凭“爱心借阅卡”可在任何一家职工书屋借阅图书，一卡通全县、一卡管全家、一卡管一年、一卡10元钱、困难职工不交钱，使小书屋变成大书库。

搞好活动，确保实效。为进一步巩固加强职

工书屋建设，内黄县总工会以举办各类活动为载体，把职工书屋建设推向一个新的高潮，先后组织开展了评选“优秀职工书屋”活动、“万人签名贺书屋”活动、“营造书香家园，共建和谐内黄”读书征文活动、“庆祝全国首家职工书屋成立一周年演讲比赛”活动、“百名读书标兵”评选活动、送书下乡到工地活动、职工书屋相互观摩学习活动和“共建职工书屋捐书”活动等。特别是在捐书活动中，全国总工会和河南省总工会机关工会纷纷为内黄县职工书屋捐书；内黄县党委、政府、人大、政协四大班子主要领导带头捐书，全县接收职工捐书 8.9 万余册。县质量技术监督局结合本单位实际，在全局上下开展了“一月一书”活动，极大地激发了干部职工的读书热情。县工商局借助职工书屋平台，在职工中组织开展了“读一本好书、学一项技能、捐一本好书、添一份光明”的学习活动。县总工会坚持每年举办“读好书、强技能、提素质”读书征文活动，号召全县广大职工日学一小时、月读一本书、季写一篇文，并将征文活动与“创争”活动、职工素质建设工程以及充分发挥工会“大学校”作用等工作紧密结合起来，促使会员学习、会员读书，使职工书屋的示范效应实现最大化、社会化和经常化，职工群众性读书活动空前活跃。不少职工都高兴地说：“职工书屋就是好，内容丰富品味高；看书不拿钱，一卡通全县。”职工书屋已逐渐打造成了当地工会工作的品牌。

明确标准，规范提高。内黄县总工会坚持经常性地组织各单位的职工观摩书屋学习活动，相互学习、相互提高，并坚持典型引导、示范带动，稳步推进职工书屋建设。明确规定“十有”规范标准，即新建书屋要“有组织领导，有专兼职管理人员、有固定场所、有专用书架、有规章制度、有借阅办法、有借阅卡、有借阅台账、有微机、有电话”。按照“十有”标准，成熟一批，发展一批，完善一批，巩固一批，有计划地开展职工书屋建设。

通过不断开拓创新，内黄县职工书屋建设取得了长足发展，收到明显成效。在不到三年的时间里，这个有 73 万人口的农业大县、工业小县在财政并不富裕的情况下，先后投资 370 多万元，组建了 100 家职工书屋，配有各种报纸杂志 622 种，藏书达 56 万册。2 万多人成为持有“固定读书卡”的会员，年均职工借阅图书量达到 31 万人次。全国 13 个省、直辖市、自治区的工会组织慕名而来，共有 200 多批次的团队到这里来参观、考察、学习，职工书屋已经成为当地工会工作的重要品牌。

通过学习，内黄县涌现出了一大批读书成才岗位标兵，县建设局职工梁保宁通过自学，被评为省百名职工技术英杰；金星集团安阳啤酒有限责任公司职工王仲玉通过勤奋学习，提出了许多合理化建议和 3 项技术创新，为企业节能增效 140 多万元，被评为安阳市“十大优秀进城务工人员”；冯翠勤通过不懈学习，从一名职工成长为鑫源糠醛公司总经理；下岗职工董中波通过勤奋学习蔬菜种植技术，成为名震一方的“蔬菜大王”；县供电公司生产科的职工们通过学习，集体设计制作“农排变压器无负载自动投切装置”，大大降低了农排变压器的空载运行时间，荣获安阳市职工优秀技术创新成果一等奖。

省委书记的感言

2008年4月28日，中国工人出版社参与河南省安阳市内黄县职工书屋建设的负责同志拜访了时任河南省委书记、省人大常委会主任徐光春。参加会见的还有河南省总工会、河南省新闻出版局的负责同志。

在会见中，中国工人出版社的负责同志向徐光春汇报了河南省总工会重视、支持安阳市内黄县总工会开展职工书屋建设的典型事例，报告了全国总工会开展全国工会职工书屋示范点建设，以及五年总体建设的规划和现状。

徐光春长期从事新闻宣传领导工作，大力提倡“科技强省、经济强省、文化强省”建设。就开展职工书屋建设，他感触颇多：

长时间以来，河南的工会工作与群众工作，得到全国总工会的大力指导，帮助我们解决了很多工作中的困难，指明了方向。特别是王兆国同志对我们省的小额贷款工作给予了很大支持。这次全国总工会把工会职工书屋建设的典型放在我们河南省，尤其是得到王兆国同志的高度重视，亲自题写牌匾；孙春兰同志站在关心职工思想建设、文化建设、素质建设的高度，站在建设和谐社会的高度，拨专款在全国工会和企业建设职工书屋工程，是一项具有十分重要和深远社会意义的重大举措。我们省委、省政府坚决支持这一伟大工程建设。

怎样更好地发挥工人阶级在新时期的“主人翁”作用，关心与加强工人阶级队伍建设，切实维护职工的合法权益，重要的是要提高工人群众的素质，而提高职工素质的一个重要渠道就是组织职工群众读书。书本是知识的载体、力量的源泉，要通过广泛的、有意义的读书活动使工人群众掌握知识，增添力量，否则“主人翁”是担当不起的。没有一定的素质，主人翁作用也是发挥不了的，“主人翁”就只是一句空话。

现在“读书少、买书贵”的现象，在工矿企业存在，农村也存在。广大农村农民群众“读书少、买书贵”的问题还很突出。农村已经成为新兴工人阶级的发源地，大批农民进城务工，成为企业的主体，成为工人阶级队伍的主体。怎样提高工人素质，特别是怎样提高新兴工人阶级中农民工的素质，具有重大的战略意义。

徐光春还深情地表示，在全国开展职工书屋建设很有必要，河南省委、省政府坚决支持职工书屋建设这项工作，在示范点的基础上，要向全省所有工矿企业推广。怎样搞好职工书屋这项工程？这位老新闻工作者出身的省委书记如数家珍：

一要编好图书。要有编辑规划，涵盖哪些方面内容，同时还要普及、实用。鉴于群众实际的文化程度，要掌握哪几项技能，出版部门都要调查研究。二要建好书屋。在示范点的基础上，逐步推广到工矿企业、农村。经费方面要有政策，政府支持一点，出版社让利一点，社会赞助一点，职工自己掏一点。三要用好书屋。这很重要，如果仅仅把书往书架上一放，这不行，要培养大家的阅读兴趣，交流读书体会，培养读书习惯，营造读书氛围，还要开展

> 读书活动、评奖活动，调动和刺激大家的读书积极性。四要管好书屋。各级党委、政府，各级工会组织，要把这项工作当作一项重要的工作去做，要有专人负责。党委、政府要加强指导和扶持，要充分发挥职工书屋传播知识、提高素质、推动发展这方面的作用。

徐光春最后还特别嘱咐河南省总工会和河南省新闻出版局的负责同志，省里要把这项工作做好，就要按照这几个方面的要求，建好、管好，真正让职工书屋这件事成为关心广大职工、农民群众的民心工程、建设工程，成为经济社会的发展工程。

徐光春的关心无疑是对职工书屋建设的又一次鼓舞与鞭策。

第一年的“成绩单”

2009 年 2 月 3 日，星期二。《工人日报》头版头条发表了主题为“全国工会职工书屋已逾万家”的报道。报道披露，截至2009年2月，全国各级工会投入工会职工书屋建设的资金实现1.86亿元，藏书累计达1330.58万册。

在江苏，“捐一本好书，献一份爱心”图书捐赠活动已累计为工会职工书屋充实图书40多万册；而在福建泉州，越来越多的农民工在工会职工书屋里养成了“每天读书一小时，每月读一本书，每年参加一次学习培训”的自学习惯……全国许许多多的工会职工书屋为提高职工素质正在发挥重要作用。

记者从中华全国总工会宣教部获悉，截至2008年年底，由各地工会自建的职工书屋达到9868家，藏书总量累计1330.58万册。此外，由全国总工会扶持建设的1000家全国工会职工书屋示范点也已全部投入使用。

仅一年时间，各地工会已将职工书屋建设作为提高职工综合素质的重要载体，多措并举，积极推进——北京、河北、山西、湖南、辽宁、江西、新疆、吉林、安徽等地工会成立了专门领导小组；上海、天津、浙江、湖北、重庆、西藏、陕西、甘肃等地工会第一时间印发有关实施意见，明确基本思路和工作目标；云南、贵州等地工会专门组织检查验收和实地调研，保证职工书屋建设质量；江苏省苏州市总工会统一制作了14本台账，用于规范职工书屋建设；福建省福州市总工会提出了建立健全资金筹集机制、图书征集配送机制、书屋管理机制的工作思路……工会职工书屋建设正在逐步走上规范有序的良性发展轨道。

全国工会职工书屋建设呈蓬勃发展态势，“内容”越来越充实：据不完全统计，2008年年底，各地工会自建的职工书屋已有藏书1330.58万册、报刊2.75万份、音像制品16.78万张、电脑5221台；各级工会还为1000家全国示范点配备了3580余名专、兼职工作人员。除全国总工会下拨的2000万元专项经费外，各级工会已投入及计划投入职工书屋建设资金达1.66亿元。

“2009年全国工会职工书屋示范点建设将向经济发展相对落后的西部地区倾斜。”据全国总工会宣教部负责人表示，各级工会组织将在全国广泛开展内容丰富、形式多样的群众性读书活动，切实把职工书屋建成提升广大职工群众素质的学习站、活动站。

与此同时，《人民日报》《光明日报》《中华读书报》《中国新闻出版报》《中国图书商报》《北京青年报》等报纸与《出版人》杂志，以及新华网、人民网、中国政府网、搜狐网、新浪网等网络媒体，都对工会职工书屋建设进行了热情报道。

通过各主流媒体的宣传，越来越多的人知道了职工书屋，越来越多的各级工会跃跃欲试，纷纷利用职工书屋打造服务平台，惠及更多职工。

第二章

培育

在祖国的大江南北，在工矿企业、建筑工地和商贸机关建设职工书屋，是涉及数百万工会基层组织的重要行动，是保障亿万职工的切身文化权益的一件大事，同时也是加强职工思想道德建设，提升职工文化、技术水平，提高职工群众素质，推动社会主义文化大发展、大繁荣的重要工程。这既是工会组织的一项服务工程、文化工程，也是一项民生工程、民心工程。

职工书屋的创建得到全国总工会主要领导同志的高度重视与殷切关怀。2007 年 11 月 9 日，全国总工会书记处做出决定，从 2008 年开始，每年投资 2000 万元建设 1000 家全国职工书屋示范点，带动各级工会组织用 5 年时间建设 5 万家职工书屋；从 2016 年起，全国总工会每年增加投入至 3000 万元、建设 1200 家全国职工书屋示范点。近 10 年来，全国各级工会组织已累计建成10余万家职工书屋。

全国工会职工书屋建设近10年来，从时任中共中央政治局委员、中华全国总工会主席王兆国，到现任中共中央政治局委员、中华全国总工会主席李建国，都给予这项全国性的文化建设工程深切地关心、关切和关怀；从时任中华全国总工会党组书记、副主席、书记处第一书记孙春兰、王玉普、陈豪，到现任中华全国总工会党组书记、副主席、书记处第一书记李玉赋，都亲自主持有关会议、制定相关规定，深入企业一线调查研究，解决全国工会职工书屋创办与建设过程中的一系列实际问题。

要问工会领导人为什么对职工书屋如此关心，这是因为，他们同数百万工会干部一样，与几亿职工群众和农民工兄弟姐妹心连心。

在书记处的关怀下

2007年4月19日，全国总工会宣教部提出在全国建设工会职工书屋的具体方案和实施办法，以及建立图书配送中心的基本设想和主要措施。

时任中华全国总工会党组书记、副主席、书记处第一书记孙春兰，时任中华全国总工会副主席、书记处书记乔传秀等对这项工作给予充分肯定。4 月 24 日，乔传秀在全国总工会宣教部《关于“工会职工书屋”建设基本设想的报告》上批示，“拟原则同意，经过一定时期的努力，力求使‘工会职工书屋’成为工会组织服务引导职工的品牌”。4 月 25 日，孙春兰对此作出重要批示：“此项活动意义重大，影响深远。要深入细致研究，精心筹划安排；要办就办好，办成品牌，不作权宜之计。”

2007 年 5 月 9 日，孙春兰主持全国总工会书记处会议，对在全国工矿基层企业、建筑工地和基层工会建设职工书屋给予高度重视和评价：

这是我们全国工会学习贯彻十七大精神的一项具体行动，是为职工学习知识、获取信息、提高素质、丰富文化生活提供方便条件。这是我们工会积极推动社会主义文化建设的重要举措，也是工会发挥组织职工、引导职工、服务职工和维护职工合法权益的重要体现。

此项工作涉及面广，工作量大，投入资金多，时间跨度长。孙春兰审慎地征求、倾听全国总工会书记处同志们的意见，并委托主管宣教工作的乔传秀亲赴河南等地调研。同时，要求宣教部召开有关会议，对在全国范围内创建职工书屋进行研讨。

5 月 24 日，全国总工会宣教部召集北京、天津、上海、山西、江苏、福建、河南、广东八个省市总工会的宣教部长和相关部门主要负责人召开专题研讨会，就职工书屋建设工作方案广泛征求意见。八个省市总工会的宣教部长们都对全国总工会实施职工书屋建设给予高度赞同，并对做好这项工作表示坚决支持并充满信心。

6 月 12 日，遵照孙春兰的指示和全国总工会书记处的会议精神，乔传秀率领谷常生、陈杰平、邹震、张帆等，冒着酷暑赴内黄县进行专题调研。时任河南省人大常委会副主任、省总工会主席李志斌亲自陪同，先后走访了内黄县工人文化宫和网通公司、电业局等单位，就职工书屋的建设与管理情况，与管理人员和读者进行现场交谈。乔传秀、李志斌还一同召开了县领导、企业经理、工会干部和职工代表专题座谈会，会上，乔传秀提出“坚持实事求是、因地制宜、统一规划、分步实施的原则，从实际出发，有计划、有步骤地开展职工书屋建设”的基本思路，并指示要奖励、支持内黄县总工会进一步办好工会职工书屋。

2007 年 11 月 9 日，孙春兰主持召开全国总工会书记处会议，再次专题讨论在全国实施职工书屋工程。书记处的领导同志们仔细听取了宣传教育部、保障工作部、财务部、经费审查委员会办公室和资产监督管理部联合提交的《职工书屋建设实施意见》《关于职工书屋筹建工作的汇报》和《职工书屋示范点建设资金使用与监管办法》等文件。面对即将诞生的这项民生工程，大家都感受到此次会议的重要性。每一位书记都做了认真的发言，审视着、修改着、完善着这三份报告。

孙春兰一丝不苟，一边细细地审阅这三份报告，一边不时地在本子上记录着书记们的意见。这一年来，对在全国开展职工书屋建设，她倾注了极大的关切与心血。

这场专题会议进行了三个小时。最后，孙春兰代表全国总工会书记处郑重作出如下决定：

从2008年开始，力争用5年左右的时间，在全国目前尚缺乏读书条件的基层企事业单位、社区等建设5万家职工书屋，逐步形成阅读条件比较完备、广泛覆盖职工群众的工会读书设施网络。

职工书屋由全国总工会统一命名。从2008年至2010年，全国总工会连续三年每年投入专项资金2000万元，重点援建3000个职工书屋示范点。各省、市（地）、县（区）三级工会按照与全国总工会出资规模1∶1的比例筹措资金，共同用于支持基层单位建设职工书屋示范点。同时，要积极争取政府支持、企业赞助和社会捐助。

全国总工会还专门成立了职工书屋建设领导小组，由分管副主席担任组长，成员包括宣传教育部、保障工作部、财务部、经费审查委员会、资产监督管理部、机关党委、工人日报社、中国工人出版社等单位的负责同志。宣传教育部负责指导全国职工书屋建设工作。

为建立规范有序、公开透明的图书征集配送机制，全国总工会在中国工人出版社建立职工书屋图书配送中心，协调相关出版社、新华书店等图书供应商，集中征集采购图书，为基层职工书屋示范点建设提供送书、配书、购书和售后服务的一条龙服务机制。地方工会纷纷投入经费，采购图书、音像制品和必备设备自建职工书屋。

2007 年 12 月 10 日，乔传秀主持召开了全国工会职工书屋建设工作协调会议。全国总工会办公厅、宣传教育部、保障工作部、财务部、经费审查委员会、资产监督管理部、机关党委、机关政府集中采购办公室、中国工人出版社等单位负责人出席会议。会议讨论了如何贯彻落实全国总工会书记处 11 月 9 日的会议决定和筹备职工书屋建设的相关情况，决定适时召开全国工会系统电视电话会议，部署开展职工书屋工程建设工作。

建设职工书屋的步子越来越快了，大家既兴

奋，又紧张，仿佛看见了工厂中琳琅满目的图书，仿佛看见了许许多多职工在书海中如痴如醉的场景。

2008年1月18日和23日，全国总工会办公厅印发了《中华全国总工会关于开展全国工会职工书屋建设的实施意见》《全国工会职工书屋建设目标及配书款分配方案》及《中华全国总工会办公厅关于申报全国职工书屋示范点的通知》，全国各级工会组织积极响应，踊跃申报。

全国工会职工书屋建设工作自2008年1月正式启动以来，全国总工会书记处对此高度重视，多次对职工书屋建设工作作出重要指示。孙春兰在听取各直属单位工作汇报时，对职工书屋建设工作再次强调："要树立品牌意识，有长远眼光，切实提高送书的质量。"

2008年3月6日，经过职工书屋图书配送中心工作人员的发奋努力，人民文学出版社、作家出版社和三联书店等40余家出版单位与职工书屋工程建立了战略合作关系，形成了有数千个图书品种的图书书单。经过全国总工会宣教部组织的专家组认真严格的审视和挑选，选定了第一批

1000 家职工书屋示范点的图书目录，并及时向全国各地工会发出公告。

3 月 10 日，全国工会职工书屋建设领导小组召开第一次会议。时任中华全国总工会副主席、书记处书记、全国工会职工书屋建设领导小组组长倪健民宣布全国工会职工书屋建设领导小组正式成立，并就进一步加强全国工会职工书屋建设工作发表讲话。

倪健民强调，要按照孙春兰同志的要求，切实做好四个方面的工作：一是要送好书，坚持高标准、严要求，切实提高送书的质量。二是要用好钱，加强资金使用的管理。把职工书屋建设的专项资金管好、用好，使之逐步规范化、制度化、程序化。三是要选好点，把书屋示范点建设好。关键要选好 1000 个示范点，并通过这些示范点带动各地工会抓好 9000 个自建书屋的落实。四是要抓好落实，明确目标责任制。要加强职工书屋建设的领导，明确工作责任，专人负责管理。

4 月 2 日，孙春兰接受了《人民日报》记者的专题采访。当记者提问如何才能把这件好事办实、实事办好，全国总工会有哪些基本思路时，孙春兰回答道：

职工书屋建设的总体思路，就是要针对目前基层职工特别是农民工“无书可读、无处读书”的现状，以职工书屋为基本平台，为广大职工创造和提供更加便捷的学习条件，通过引导职工“爱读书，读好书”，进一步普及科技知识，传播先进文化，保障职工的基本文化权益，活跃和丰富职工的精神文化生活。

我们的基本思路是，一方面要在目前尚无职工读书场所的地方和基层单位，利用工会现有的基础设施，通过配置基本图书、报刊、电子音像制品、电脑和制作书架、借阅卡等必备物品，新建一批职工书屋。另一方面要把现有基层企事业单位（社区）的工会图书室（阅览室），通过投入适当资金，改善基础条件，更新图书和增加藏书数量，更好地发挥图书馆的功能，从而全面改善一线职工特别是农民工读书难的问题，切实把这件好事办实、实事办好。

2008年4月14日，全国工会第一批1000

家职工书屋示范点的图书配送仪式在北京南郊的专用仓储物流中心隆重举行。倪健民率领全国工会职工书屋建设领导小组全体成员到现场指导工作。

从4月14日至8月17日，职工书屋图书配送中心工作人员经过辛勤努力，特别是战胜了“5·12”汶川特大地震灾害造成的诸多困难，将100多万册、总价值3200余万元的图书送到各省、直辖市、自治区的1000家全国工会职工书屋，送到了祖国的大江南北。

殷切的期望　极大的鼓舞

办好职工书屋的基础是给书屋不断输送和配备、补充优质的精品图书。在职工书屋建设过程中，全国总工会领导同志对这一职工服务文化工程提出了殷切的期望，体现了对促进职工文化繁荣的重视。

2015年10月21日，中国工人出版社的职工欣喜地迎来了关心出版社改革和发展的中央领导同志。中共中央政治局委员、中华全国总工会主席李建国在李玉赋和刘国中、李守镇等全总领导陪同下，来到中国工人出版社，考察指导工会出版工作，了解全国工会职工书屋以及电子职工书屋建设情况，并饶有兴致地试用了电子职工书屋的阅读系统。

李建国强调，一定要深入学习领会习近平总书记系列重要讲话精神特别是关于工人阶级和工会工作的重要论述，在思想上政治上行动上始终与党中央保持一致，把工会出版工作和职工书屋建设工程工作做好。

李建国亲切叮嘱出版社的同志，书是人类进步的阶梯，不读书、不学习，个人没有希望，民族没有希望，国家也没有希望。“书香中国”就是全民读书，全民读书就需要具体的载体。创建职工书屋，为职工提供读书场所，提供精神食粮，提供知识源泉，这是工会对亿万职工的服务，也是对打造整个民族精神家园的贡献。职工书屋要稳步扩大规模，提供更多的好书、精品书，满足广大职工群众的精神文化需求。

视察结束后，望着领导同志渐渐远去的背影，出版社的职工们回味着亲切的话语、深情的嘱托，心里都热乎乎的，一股强烈的责任感油然而生：我们所编辑出版的每一种图书，我们送往职工书屋的每一批图书，都凝聚着党和政府对广大职工群众和农民工兄弟姐妹的亲切关怀与极大的鼓舞，寄托着全国总工会领导同志的殷切期望！

2010年7月7日至11日，时任中共中央政治局委员、中华全国总工会主席王兆国到辽宁考察工作并调研，其间到全国总工会援建的大连市首家全国工会职工书屋示范点——甘井子区华林工业园地职工书屋调研职工书屋建设使用情况，实地考察职工书屋现场，听取当地工会负责同志关于职工书屋建设及使用情况的汇报。

王兆国特别关心书屋配书的质量问题，细细察看了几个书架之后，他对书屋负责人说，要根据职工的不同兴趣爱好，多挑选一些优秀的图书，比如，既要有文学类图书，也要有技术类的图书，这样职工们到这儿来才能各取所需。

王兆国亲切询问了当地职工们的生活和工作情况。他说，年轻人多读书多学知识，不仅可以丰富精神文化生活，而且可以多长本领，增强就业能力，提高经济收入，既能让自己生活得更好，也能为国家建设多做贡献。

王兆国还叮嘱工会干部们一定要把职工书屋建设好、管理好，更好地发挥工会“大学校”作用。

2011 年 1 月 18 日，时任中华全国总工会党组书记、副主席、书记处第一书记王玉普在《认真学习贯彻党的十七届五中全会精神，组织动员广大职工为实现“十二五”规划目标任务贡献智慧和力量——在全总十五届五次执委会议上的工作报告》中指出：推进职工书屋建设，大力开展向农民工送文化活动。打造职工文化品牌，加大对工人文化宫、俱乐部、体育场、职工学校等活动阵地的投入，争取在国家事业单位分类改革中纳入公益二类序列，推动政府和有条件的企业加强文化设施建设。总结宣传企业文化、职工文化建设的先进典型，以文化和谐促进劳动关系和谐。

王玉普在全国工会职工书屋建设领导小组呈报的《关于全国工会职工书屋建设情况及下一步工作安排的报告》上批示：“职工书屋取得了很大的成绩，应祝贺；并在现有的基础上进一步做好工作”。他在浙江、福建考察调研时，专门到基层职工书屋视察，鼓励职工们用心读书、读好书，努力学习和掌握历史文化、企业管理、法律知识和科学技术知识，做新时期的优秀职工，为国家、为社会、为企业多做贡献。

时任中华全国总工会党组书记、副主席、书记处第一书记陈豪十分重视职工文化阵地建设，对职工书屋发展给予了极大关心。

2013 年 12 月 24 日，陈豪在《团结动员广大职工在全面深化改革推动科学发展、实现稳中求进中充分发挥主力军作用——在全总十六届二次执委会议上的工作报告》中指出：深化全国职工素质工程，加强职工技术技能培训、技能比赛，普遍建立劳模创新工作室，开展选树首席员工、金牌工人、技能带头人等活动。报告还提出了 2013 年职工书屋的发展目标：新建 1000 家全国工会“职工书屋”示范点和 10000 家“职工书屋”。此后，陈豪还对职工书屋建设提出了综合化的发展要求。

2016 年 6 月 13 日至 15 日，中华全国总工会党组书记、副主席、书记处第一书记李玉赋在重庆调研工会改革和基层工会建设工作，到基层一线职工当中去了解情况、倾听意见；召开基层工会负责人座谈会，听取重庆市总工会改革汇报。

李玉赋先后前往江北区俊豪ICFC项目工地群团服务站、渝北区武陵路社区工会联合会、渝北区仙桃数据谷群团服务站、长安汽车股份有限公司张永忠劳模创新工作室等地调研，看望基层一线职工、劳动模范和工会干部，听取他们的意见建议。在渝北区仙桃数据谷群团服务站职工书屋，李玉赋鼓励职工朋友多读书、读好书，增加本领和提高素质。应职工们的要求，李玉赋欣然命笔，在职工书屋留言簿上写下“学好书、读好书，提升素质、增强本领，争当工匠人才”的寄语，与广大职工共勉。

李玉赋强调，推进工会改革创新，要牢牢把握增强“三性”、去除“四化”、做强基层、着力创新的整体思路，充分体现勇于责任担当、勇于直面问题、勇于自我革新的精神，加大力度、加快进度，强化优化工会职能，突出主责和主业，为实现中国梦建功立业。要把工会组织建设得更加充满活力、更加坚强有力，切实承担起引导职工群众听党话、跟党走的政治责任。要动员广大职工大力弘扬劳模精神、劳动精神、工匠精神，学文化、学技能，提升素质、增强本领，争当工匠人才。

图书的选择和配送

为了做好全国工会职工书屋统筹建设工作，从 2008 年职工书屋建设全面启动开始，全国总工会就专门设立了全国工会职工书屋图书配送中心，在全国工会职工书屋建设领导小组领导和全国总工会宣教部的协调指导下，负责全国工会职工书屋示范点及各地职工书屋的选书、配书及相关日常工作，并通过办好《职工书屋》专刊等平台阵地，开展经验成果交流宣传等配套工作。

全国总工会在 2008 年出台的《关于开展全国工会职工书屋建设的实施意见》中明确提出，全国总工会成立全国工会职工书屋图书配送中心，主要承担为全国工会职工书屋示范点和各级工会职工书屋建设征集、图书采购、配送、后续指导的“一条龙服务”，并要求切实发挥中介、服务作用，协调其他正规出版发行单位提供适合职工阅读、内容质量有严格保障，同时价格相对低廉的优秀图书。

图书配送中心十分重视调配优秀出版图书，最大限度地满足职工书屋建设需要和职工广泛的文化需求。图书配送中心与几十家大中型出版社或出版集团建立供应关系，这些出版单位都是权威性的出版机构，拥有良好的出版资质和社会声誉，所涉及的图书涵盖了广大职工所需的各个主要门类。例如，社科文艺类图书，有人民文学出版社、中华书局、三联书店、作家出版社等；生活类图书，有新世界出版社、中国青年出版社等；社科类图书，有社科文献出版社、中国社会科学出版社等；思想政治教育类图书，有党史出版社、学习出版社；各重要产业、行业用书，有化工、煤炭、电力等主要领域的出版社。图书配送中心还积极调研职工需求，结合工会实际，为各地职工书屋选配了中国工人出版社出版的《农民工有困难找工会》丛书、《中国劳模——时代领跑者》《职工劳动权益手册》《幸福就这么简单》等图书，这些图书有的曾获中国出版政府奖图书提名奖，有的是中共中央宣传部、中共中央组织部推荐的学习书目，有的是职工普法维权的工具书，也有的是深受职工喜爱的畅销书。图书配送中心通过选配不同类型的图书，不断满足职工的不同阅读需求，维护职工权益，弘扬工匠精神。

图书配送中心坚持定期面向各地职工书屋开展职工读书需求调研，编制当年《全国工会职工书屋重点备选出版物目录》。全国工会职工书屋建设领导小组通过组织调研组，先后深入各主要省、直辖市、自治区工会和几十家工矿企业走访调研，了解职工阅读需求，征求工会干部意见。图书配送中心每年都根据工会开展职工思想和素质教育的需要，结合社会热点和职工群众读书趋势，制定出当年职工书屋示范点备选图书的总体规划，从上万种图书中认真筛选出适合职工阅读，内容、质量有保证的图书。全国工会职工书屋建设领导小组每年都要召开专题会议，审议职工书屋工作情况及备选图书。通过层层筛选把关，确保了备选图书的质量，也为各级工会和基层单位选配图书提供了专业服务和保障。

图书配送中心定期向各省市总工会宣教部和已建职工书屋的重点单位印发推荐图书目录，订书单位可以按需要直接选订，也可以向图书配送中心提出个性化要求。图书配送中心帮助初选推荐，由购书单位审定后安排图书配送；统一筹建职工书屋的省市工会或集团单位，还可以让基层单位各自选书后转交图书配送中心汇总并安排发书。这样既便于组织，也满足了各单位订书的一些个性化需求，还可以按照示范点图书配送标准配比好的馆配图书套餐直接订用。

经过近 10 年的工作实践，图书配送中心已形成较为完善的职工书屋图书配送模式，探索出一些职工书屋图书配送的经验方法：专业的图书采配工作流程和图书配送管理人员，提供总体配书方案、个性化订制、持续添配等多种方式的图书配送服务，使用专用包装纸、包装箱，按照基层单位要求直接送达指定地点。

近 10 年来，图书配送中心在扎实开展为全国总工会职工书屋示范点图书配送工作的同时，先后为北京、天津、山西、湖北、海南、云南、甘肃等省级总工会，为河南内黄、山西阳泉及沁源、辽宁锦州、山东淄博、湖北恩施、福建温州等地市县级总工会统一筹建职工书屋，落实图书配送，并与上海市总工会“支援新疆建设职工书屋计划”建立固定合作关系，为首汽集团、长航集团、石家庄公交总公司、山东兖矿集团、淮南东辰集团、中铁二十一局等几百家大型企事业单位统一筹建职工书屋、落实图书配送工作。

近10年来，图书配送中心累计配送图书5000余万册，总码洋达5亿余元，得到了全国总工会和地方各级工会领导、基层单位负责同志和广大职工读者的好评。

把爱送到地震灾区

2008年5月12日，强烈大地震无情地降临到四川这片秀丽而富饶的土地上，举国震惊、令人心碎。尔后，中华民族经历了一场气壮山河的抗震救灾伟大斗争。

“5·12”汶川大地震发生后，在全国总工会的号召下，中国工人出版社积极行动起来，投入到抗震救灾中去。5月20日傍晚，正当大家酝酿编书、运书的时候，倪健民急匆匆赶到出版社，传达了王兆国同志关于做好抗震救灾工作的指示，具体部署了为灾区工会、职工编辑出版有关抗震救灾图书的任务，明确指示要紧急为四川地震灾区援建131家“图书角”和“图书阅览室”。

灾区的需求就是命令！在全国总工会的领导下，出版社社党委、社委会立即动员和组织全社职工行动起来：连夜策划，连夜收集资料，连夜编辑加工，连夜制版印刷。大家相互配合，相互鼓励，抢时间，做奉献，一切都在紧张有序中进行。伴随着第四天的朝阳升起，《抗震减灾知识读本》和《震后防病防疫实用手册》两本样书飘着墨香，终于摆放到大家的面前。兴奋、喜悦使大家忘记了疲劳。为了用最快的时间将书送到灾区工会，送到职工群众的手中，大家决定把捐赠给四川灾区的图书放到成都去印制，就地送出。

出版社经多方联系，终于确定由成都新华印刷厂承接这次任务，并委托对方协助提前备好纸张。5月24日清晨，拿到印刷软片后，出版部工作人员立即飞往成都，组织印刷厂开展生产。没想到，又出现了新的情况：就在24日上午，新华印刷厂接到四川省教委的紧急任务，为灾区孩子补印中小学生课本，同样不能耽误。经过全力沟通，厂方最终答应配合工作，动员全厂职工保证两本抗震图书的及时印制。25日下午，就在大家都在为这两本书忙碌时，一场强烈的余震发生了！印刷厂的整栋厂房都在抖动，窗户玻璃被震得哗啦哗啦响。所有的人员纷纷跑到楼外空地上，以防厂房倒塌伤人。十几分钟后，余震平息，印刷厂师傅们又马上回到各自岗位继续工作。在大家夜以继日的努力下，5月27日清晨，《抗震减灾知识读本》《震后防病防疫实用手册》两本抗震救灾图书各三万册完成印刷、装订成册，准备发往全国总工会援建四川地震灾区的131家“图书角”和“图书阅览室”。

与此同时，为了认真完成全国总工会交办的任务，更好地服务于灾区援建，时任中国工人出版社党委副书记、副社长姚久强赶赴四川，组织指挥将书送往地震灾区。5月26日晚上，姚久强赶到成都，而此时，出版部的工作人员已在印刷厂盯了两天两夜。就在姚久强去省总工会联系送书的时候，难题出来了：接待他的同志表示，非常感谢全国总工会的关心和支持，也十分感谢出版社为抗震救灾专门编辑出版图书，灾区职工群众很需要，送书很及时。但是，省总工会眼下接书很困难，没有地方放，也没有人力物力分送到基层。听了对方这番话，姚久强一下就懵了。按照原计划，在四川送完书后，他要再赶赴甘肃地震灾区送书，可四川的书送不到位，下一步怎么走？这六万册抗震救灾的书，倾注着全国总工会对四川工会组织和职工群众的支持与关爱，凝聚着全国职工的一片爱心，使命光荣，责任重大，书送不出去都不好意思回北京啊！

四川省总工会的同志已经日夜奋战在抗震救灾第一线十几天，他们奉献了自己的工资、体力和精神，目前正在忙着比送书更重要的大事。作为全国总工会援建灾区的代表，应该想灾区工会之所想，急灾区职工之所急，尽我们的最大力量为灾区办好事、实事，绝不能为灾区增加额外负担。直接将书分送到基层工会，这样既可以减轻省总工会的压力，也可以将全国总工会对灾区的支持和关爱尽快送到受灾职工群众的手中。

想到此，姚久强与上级领导通了电话，汇报了省总工会的情况。在得到批准后，他立即与省总工会有关部门沟通，请省总工会宣教部提供拟送书市级工会的名单，由他直接送书。拿到名单后，姚久强立即与有关州、市工会联系。除了阿坝州路不通、绵阳市不让进城之外，广元、德阳、成都、雅安都可以送书，而且市总工会非常欢迎。

但是，难题又出来了：省总工会所有车辆都在抗震救灾第一线，顾不上来印刷厂拉书，这六万册书怎么送？在当时的环境下，除了依靠当地工会，真没有别的路子找车往灾区送书啊！在回宾馆路上，姚久强心里很急。直到看到路边停着不少个体拉货的汽车，他突然眼前一亮，便上前跟他们说了自己遇到的难题。还真是“患难见真情”，这些货运司机既不问价钱，也不问往哪送，一口答应帮忙送书。姚久强马上与印刷厂联系，询问一辆长安小面包车能拉多少册书？六万册图书需要几辆车？当把运书车辆的问题解决之后，他悬着的心才终于落了地。

5 月 28 日清晨，姚久强与印刷厂的同志一起租了三辆长安小面包车，开始了艰苦而又意义非凡的行程。广元、德阳、成都、雅安在地理位置上从北到南像“人”字的一撇，印刷厂在德阳附近，送书比较容易。因此，第一站先到成都市总工会，他们对口支援重灾区都江堰市，而且赠给他们的书最多，有两万册。送书的人员一边看路标，一边打听，终于看到了成都市总工会的牌子。当市总工会办公大楼里的同志们得知全国总工会派人给灾区工会和职工群众送书来了，成都市总工会党组副书记、副主席高伟和市总工会法律部部长缪晓玉迎了出来。大家都主动帮着搬书，有的同志还迫不及待地打开书看。高伟代表市总工会感谢全国总工会的支持与关爱，感谢中国工人出版社及时送来的抗震减灾知识读本，表示一定尽快将书送到灾区职工群众的手中。

紧接着，一行人又赴距成都市150公里的雅安市，代表全国总工会向雅安市总工会赠送2500套图书。当大家驱车赶到市总工会时，已经是下午两点。市总工会的同志们连午饭也没顾上吃，就把各基层工会的同志集中起来，准备把书分发下去，让灾区职工群众能够在第一时间分享北京送来的温暖、知识与力量。当日，尽管雅安市余震不断，市总工会办公楼出现了裂缝，但是所有工作人员直面地震，在灾区职工群众心中树起了一面抗震救灾的旗帜。

披着晚霞，在大地的不时晃动中，姚久强与印刷厂的同志终于完成任务回到了驻地。随后，他们又想方设法把书送到了德阳市总工会和广元市总工会，并通过市总工会同志把书送到了灾区群众手中，圆满完成了全国总工会交代的任务。

第三章

成效

建设职工书屋，旨在以职工书屋为平台，以改善一线职工特别是农民工的学习条件为目的，满足广大职工日益增长的精神文化需求，保障职工的基本文化权益，在广大职工中传播先进文化，普及科技知识，引导职工养成“爱读书，读好书”的良好习惯，推进社会主义核心价值体系建设，让广大职工在共建中共享改革发展成果。

在全国总工会书记处的高度重视和直接领导下，经过10年的发展，职工书屋已经成为提升职工思想道德建设水平和技术技能水平，深化“创建学习型组织、争做知识型职工”活动，实施职工素质建设工程的重要举措；成为新时期工会组织职工、引导职工、服务职工和维护职工合法权益，加强工会组织建设的重要手段；成为促进基层企业文化、职工文化发展、加强职工队伍建设和维护社会稳定的重要载体；成为工会组织参与公共文化服务设施体系建设的基础工程。

各地、各级工会立足基层现有条件，依据实际情况，因地制宜、灵活多样、创造性地建设职工书屋，使职工书屋呈现出“百花齐放”的局面。

提高职工素质的平台

在各级工会组织的共同努力下，经过近 10 年的积极探索与发展，职工书屋建设经历了从无到有、从少到多、从弱到强的发展历程，取得了阶段性成果，成为提高职工素质的平台。目前，神州大地上已建成全国工会职工书屋示范点 9200 余家，各地建设职工书屋逾 10 万家。职工书屋吸引了上千万的一线职工、农民工前来学习、阅读，年借阅量逾 4 亿人次，有效缓解了一线职工、农民工阅读学习条件不足、读书难、读书贵等问题。

职工书屋是工会发挥“大学校”作用的有效形式，为广大职工、农民工获取知识信息、提高职业素质及思想文化修养创造了有利条件。各地工会纷纷积极创新各种办法和模式，充分发挥图书效用，普遍依托职工书屋深入开展了“创建学习型组织，争做知识型职工”等各种活动，通过职工书屋引导职工走进工会“大学校”、走进社会大课堂。很多地方一线职工都说，现在项目现场、工厂车间都有了职工书屋，就像又进了学校学习一样，感到欢欣鼓舞。

中建二局工会和中国水产舟山海洋渔业公司工会等企业工会针对建筑工地和渔场等作业一线流动性的特点，建立流动书屋。工地和民工在哪里，渔场和渔业职工在哪里，职工书屋就搬到哪里，使一线职工、农民工和渔场职工无论工作岗位移动到哪里，都能读到精品图书。

北京市总工会将职工书屋建设与首都职工素质建设工程有机结合，充分利用职工书屋的场地、图书资源，开展职工技能培训和技术比武活动。中石化天津石油分公司发挥职工书屋的启智聚力功能，按照全国总工会和天津市总工会的要求，坚持把职工书屋建设提升到贯彻落实科学发展观、创建和谐企业的高度，纳入职工素质建设工程，作为加强特色企业文化建设、建设学习型组织的重要平台，努力把职工书屋建设成“群众满意工程”，逐步形成了职工书屋“硬件建设规范化、规章制度标准化、服务管理科学化、读书活动经常化”的良好格局。

山东兖矿集团各级工会组织认真贯彻全国总工会《关于开展全国工会职工书屋建设的实施意见》，成立了职工书屋建设领导小组，始终坚持以职工欢迎、群众受益作为标准，把职工书屋的服务对象放在一线职工，把工作重点放在一线班组，把资金投入向一线倾斜。集团公司90%以上的矿处单位、50%的基层区队建立了职工书屋，共计拥有藏书约300余万册，光盘8万多张，报纸杂志近1000种。集团公司工会在继承和发扬好的传统的基础上，积极适应新的形势，不断创新方法，通过开展“读书提素质”评选、“学习型家庭”评选、“优秀读书笔记”评选，成立职工知识大讲堂、职工文学社等，不断延伸职工素质提升的新载体。他们还大力推进以全员学习、岗位练兵、技术比武和“学先进典型，练内功绝活，树名优品牌”等活动为主要载体的职工素质提升工程，每三年举办一次全员岗位技术比武，建立四个“大师工作室”，评选100名“首席工人技师”，促进了职工队伍综合素质的提升。

西藏自治区总工会将职工书屋建设与“创建学习型组织，争做知识型职工”活动紧密结合，为职工提升职业素质、学习致富技术提供了便利条件。他们以建立职工书屋为抓手，为基层企业和部分事业单位建立了提供职工学习的平台，帮助职工增长知识、开阔眼界，有力地促进了基层员工整体素质的提高。

西藏自治区汽工贸公司职工书屋自2010年筹建以来，公司、西藏自治区总工会和西藏自治区国资委共投入10万余元。目前，公司拥有藏书2800多册，包括专业技术、法律、历史、政治等10多个种类。职工书屋为职工搭建了学习平台，先后组织了职工读书、知识竞赛、演讲比赛等活动，职工学习的自觉性大大提高，通过自学取得大专、本科学历的就有27个人。

青岛港（集团）有限公司大港分公司是一家集客货运为一体的综合性装卸公司，在岗职工有5000余人，其中农民工近一半。为了全面提升职工思想道德素养，培养职工“爱读书，读好书”的良好习惯，大港分公司工会按照全国总工会、山东省总工会、青岛市总工会和青岛港集团工会关于加强职工书屋建设的统一规划部署，以公司工会“图书室”为依托，以“文化惠泽职工”为宗旨，以“和谐大港、书香家园”为主题，组织多种形式的群众性读书活动，营造浓郁的读书氛围，使广大职工在活动中丰富了知识，陶冶了情操，提升了素质。

青岛港（集团）有限公司大港分公司还深入调研，为农民工“送技能、送法律、送文化、送健康”。好书传递真情，阅读改变人生。经过近10年的熏陶，广大农民工兄弟已经把不断学习当成一种敬业精神，把获取知识当作一种精神享受，做知识型员工、建学习型团队已经成为一种自觉的行动。农民工队伍建设也发生了深刻的变化，逐步实现了“从技能匮乏向又红又专转变，从挣钱吃饭向实现价值转变，从短期务工向当家做主转变，从打工者向新时期产业工人转变”的“四个根本性转变”。公司先后选拔出15名优秀农民工担任装卸队的副队长，其中一名被集团提拔到西联公司担任党委书记职务，成了正处级领导干部；八名农民工担任了值班队长；280名农民工先后荣获了十佳（优秀）农民工、员工品牌、模范青年等荣誉称号；142名农民工突破性地获得装卸工艺师、装卸工艺员职称职务；328名农民工成为公司技术工人队伍中的骨干力量等，真正实现了农民工管理使用上的质的变化与提升。

提升工会组织作用的阵地

在日常工作中，职工书屋建设成为工会开展活动，服务职工，发挥作用的重要阵地。

工会具有组织职工开展读书活动的优良传统。在新的历史条件下，各级工会既要继承和发扬好的传统，又要适应新的形势不断创新活动方式，坚持以人为本，不断丰富内涵。基层工会普遍意识到，“书屋虽小，但它起点高、意义大、涉及广”。职工书屋建设作为依法维护广大职工，特别是农民工群体的生存权、学习权和发展权的重要载体，赢得了职工、企业的共同欢迎，因而成为在基层企业特别是非公企业组建工会的一个重要抓手，也成为新时期工会融入职工、深入企业，开展各项工作的重要阵地。工会过去的文化宫、电影院、职工夜校等工作阵地，随着市场化的加速，很多都推向了社会，基层企业的相关设施又非常薄弱，职工书屋建设便成为继“职工之家”之后有力填补这一空白的新场所。

职工书屋作为工会积极推动社会主义先进文化建设的重大举措，在组织职工、引导职工、服务职工、维护职工合法权益方面效果明显，进一步提升了工会的地位和作用，成为新时期党的群众工作的重要载体。它在有效促进广大农民工职业化、提升工人阶级意识、稳定职工队伍方面起到了重要作用，成为工会贯彻落实、全面协调可持续的科学发展观的重要体现，初步具有了广泛的社会影响力，成为工会的一项品牌工作。

在日常工作中，职工书屋建设也成为推动工会开展工作的重要抓手。小企业、小商户建工会、发展会员一直是一个难题，以建设职工书屋等为媒介和平台，支持企业文化与职工文化发展，成为说服和吸引小企业建设工会的重要手段。在全国工会职工书屋建设领导小组办公室等部门的支持下，中国机冶建材工会与北京市总工会协作，于 2013 年 12 月在位于北京市丰台区的集美家居市场集团总部挂牌成立了职工书屋、职工之家和工会服务站，入驻市场的 1100 余家商户的近 1 万名职工，在自愿的基础上成为工会会员。他们领到了“京卡·互助服务卡”，得到北京市工会会员“独享”的普惠制服务。

据悉，这是我国建材行业首个依托市场物业主体，通过构建工会、职工之家、职工书屋和工会服务站“四位一体”模式而产生的大卖场工会组织，填补了入驻大卖场商户建立工会的空白，被称为“集美模式”。

大卖场经营业态在批发、家居、家电等行业广泛存在，其入驻代理商户数量庞大、规模较小、所在地分散、经营模式各异，由商户派驻市场的销售员人数多、流动性大、利益诉求复杂，但由于这些商户没有建立工会组织，广大销售员长期游离在工会组织之外。集美市场“四位一体”模式的出现，让人们看到大卖场建会盲点的突破。

北京市总工会负责人表示，职工书屋、职工之家和工会服务站是属于职工的“家”和“站”，不仅要关心职工的生产生活和素质、文化教育，更要让职工感到工会是职工利益的代表者和维护者，是真正的“娘家人”。

据了解，北京市将在全市仓储物流、家居建材、家电服装等数千家大卖场推行建会、建家、建屋、建站“四位一体”的规范化建设，广泛组建市场工会、入驻企业工会和销售人员联合工会等，最大限度地吸纳未建会的入驻企业职工加入工会组织。

中国机冶建材工会负责人表示，将把“集美模式”向全国推广，通过规范市场工会、职工之家、职工书屋和工会服务站建设，为销售人员、促销人员提供多元化服务，扩大工会组织的影响力和凝聚力，进而“倒逼”未建会的中小型家具建材生产厂家建立工会组织，为实现行业工资集体协商奠定基础。

与此同时，职工书屋建设增强了工会组织的凝聚力。河北省总工会对全省职工书屋建设高度重视，一直把职工书屋放在心上，抓在手上，不断提升职工书屋品牌在社会上的影响力和全省职工中的凝聚力。一是将职工书屋建设作为工会服务全省跨越发展的重点工程，作为“抓大事、抓善事、抓要事、抓有影响的事”的重点项目和服务企业创新发展、改善学习条件、引导职工岗位成才的重大项目来实施。二是把职工书屋建设作为企业职工文化建设的重要载体，作为培养高素质职工队伍的一项重要内容，作为在岗职工的继续教育培训重要载体和手段。针对全省产业转型升级的实际需求，不断围绕职工学习、成才、发展的需求，为更多职工岗位创学、岗位创新、岗位创业、岗位创优创造良好环境和条件。三是把职工书屋作为工会维护职工精神文化权益、丰富职工文化生活、扩大社会影响的重要品牌来打造，不断把品牌提升擦亮。

河北省总工会还广泛开展“职工经典诵读”活动。按照全国总工会的要求及有关工作安排，广泛开展荐书、读书、诵读、演讲、沙龙等活动，引导职工“爱读书、多读书、读好书”。这既丰富了职工的精神文化生活，营造了积极向上、健康温馨的工作氛围，又促进了企业经营发展、推动了企业文化建设、增强了企业凝聚力，受到企业和职工的普遍欢迎，也有效增强了职工对企业的归属感和责任感。

河北省总工会还不断开拓工作思路，积极为职工书屋建设单位提供各种文化服务。省职工文体协会积极把职工书屋示范单位吸收为协会会员，将其优先选树为全省职工文化精品、职工文化优秀示范阵地、职工文化优秀团队和职工文化优秀骨干。通过让职工书屋建设单位享受更多的文化服务，职工精神文化生活得以丰富，职工队伍整体素质得以提高，从而大大增强工会组织的凝聚力。

融合企业文化与职工文化的桥梁

职工书屋建设成为企业建设的重要手段和内容，有力促进了职工和企业的共同发展。现在，80% 以上的职工书屋都建在基层企业。很多企业日益认识到工会牵头开展职工书屋建设，对于促进企业的经营发展，推动企业文化建设，提高职工素质和企业凝聚力具有重要的价值和明显的作用。企业以此为载体，借助读书活动和“创争”活动等工作抓手，通过开展书评征文、读书讲座、读书沙龙、星级书屋评比等活动，引导职工“爱读书、多读书、读好书”，努力丰富职工的精神文化生活。通过开展知识竞赛、读书演讲、心得交流等活动，营造了积极向上、健康温馨的工作氛围，有效地增强了职工对企业的归属感和责任感，促进了职工间的交流和友情。

全国总工会调研小组在大连、苏州、福州、深圳等地了解情况时发现，很多企业家都意识到职工书屋对加强企业文化建设、促进企业发展的重要价值，也走进职工书屋和职工们在一起读书，甚至把自己的书也捐献出来放到职工书屋进行交流，并更加理解和支持工会开展的相关工作。

广东省每年开展“十大书香企业”评选表彰，通过优秀企业的示范带动，全省各类企事业单位大力推进职工书屋建设和职工读书活动，积极为职工创造良好的学习平台，帮助职工学习新知识、掌握新技能、增长新本领，拓展广大职工的成长成才空间。他们组织动员全省职工积极参加各类读书学习活动，让读书成为自己的一种生活方式，把个人梦与中国梦紧密联系在一起，通过践行社会主义核心价值观和读书学习来实现自己的梦想。全省各级、各类企业通过深化实施职工素质建设工程，不断提高职工素质，深入加强企业管理，形成崭新的企业文化，凝聚全省职工的智慧与力量，为实现中华民族伟大复兴的中国梦和广东省“三个定位、两个率先”目标贡献力量。

湖北省、山西省、贵州省、江西省和天津滨海新区的许多企业以职工书屋为载体，开展“倡导全民阅读，共建书香企业”的主题阅读活动，不断丰富读书活动的形式，既增强了职工阅读效果，又有助于企业的文化建设。天津开发区总工会把职工书屋做成“读书空间”，让职工享受阅读，并辅之推动区级“阅·奉达”读书俱乐部和企业级职工读书社团建设，邀请大咖来做读书分享，职工们在这里品茗读书，交流心得，收获成长。

江苏省南京市总工会将职工书屋建设与企业文化、职工文化建设紧密结合。他们十分重视职工书屋的建设，开展一系列丰富多彩的职工阅读活动，努力把职工书屋创建和活动中呈现的精神品质和价值追求，升华与内化为企业文化和职工文化的一部分，使读书学习成为广大职工的内在需求，真正地营造出一种浓厚的读书学习的氛围。全市各单位积极组建以阅读为主题并经常性开展活动的组织，包括各类职工读书俱乐部、书友会、读书兴趣小组、书香班组等，实现职工阅读组织“八有”的目标：有团队、有名称、有会长、有场地、有经费、有计划、有活动、有宣传。全市涌现出“读吧”“思渡书社”“地平线读书社”“蠹鱼书社”“星火书社”“天宇流芳书友会”等一批优秀职工阅读组织，各具特色，有辐射力和影响力。

南京市总工会还借助QQ、微信等即时通信工具，创建“南京职工书香”QQ群和“书香企业”微信群，及时发布阅读信息，做好网上阅读指导。江苏润和、长安马自达、中建安装等一批单位建立各级各类职工阅读群达上千个，广泛宣传阅读，发布阅读活动信息，开展读书学习交流。阅读，已成为南京广大职工的一种时尚、一种习惯、一种新的生活方式。

辽宁省沈阳市总工会从实际出发，坚持将企业文化与职工文化相结合，围绕深入实施文化凝聚提升工程，把推动职工书屋建设作为加强企业文化建设、密切联系职工群众的有效载体、社会主义核心价值观实践活动的平台阵地和提高职工队伍整体素质的重要抓手，使职工书屋建常新，功能作用进一步发挥。沈阳市总工会农民工工作部联合各区县（市）政府主管部门在农民工聚集地开辟文化活动室，开展流动图书馆进工地活动，受到建筑企业和农民工普遍点赞；于洪区总工会出版的《书海扬帆》，收录了56名职工爱读书、读好书的真情实感和心路历程；沈阳机床集团双管齐下，不仅在企业自办的报刊上开辟“读书沙龙”专版，而且在公司内网上设立“好书推荐”专栏，营造了读书、交流、共享的企业文化氛围。

有助社会文化建设的举措

实践证明，全国工会职工书屋作为社会主义文化教育阵地建设的重要组成部分，其文化内涵和载体功能在实践中还将进一步拓展延伸，组织职工、凝聚职工、服务职工的阵地作用必将日益显现，特别是在开展群众性读书活动，全面提升职工队伍整体素质，以及推动职工队伍和社会稳定等方面，将发挥更加积极有效的促进作用，成为为经济社会又好又快发展提供智力保障的一项重大举措。

江苏、湖南、黑龙江、山西、安徽、福建、新疆、甘肃等地纷纷将职工书屋建设作为当地社会文化建设的重要内容，职工书屋日益成为开展全民阅读、公共文化建设的重要组成部分。在2009年11月中共中央宣传部、国家新闻出版总署共同主办的全民阅读活动经验交流会上，全国工会职工书屋建设工程荣获优秀项目奖。时任国家新闻出版总署副署长邬书林对其给予高度评价："职工书屋工程有利于培养全民读书，形成良好的社会风气，是建设和谐社会、利国利民的一项重大举措。"

为了发挥职工书屋的最大社会效应，推动社会主义文化建设，上海市总工会充分利用拥有32年历史积淀，被誉为"上海工人阶级首创"

的上海市振兴中华读书活动和上海读书节，在职工书屋这块阵地上广泛开展读书征文、读书心得交流、演讲、朗诵、专家讲座、知识竞赛、读书乐摄影比赛等形式多样、灵活便捷的群众性读书活动，以增加职工书屋的吸引力，营造职工书屋浓郁的文化氛围，为企业发掘和培育更多的有用人才。同时，上海各级工会还利用每年的上海读书节，开展为农民工“送文化、送法律、送健康”系列活动。

在建好本地工会职工书屋的同时，上海工会千里援建，树立文化惠民、服务全国的大局意识，积极为对口支援单位——四川都江堰市、新疆喀什四县援建职工书屋示范点。2008 年 5 月，上海市总工会在第十届上海读书节隆重举行之际，发动全市职工捐书 100 多万册，精心挑选出 97.2 万余册，集中运往四川省都江堰市，并投入资金 220 万元用于购置电视机、电脑、椅桌、投影仪等文化设施，为都江堰市援建了 22 个职工书屋示范点。2009 年 7 月，上海市总工会派出由工会宣传干部、工人艺术家、读书明星、职工书屋先进单位代表组成的文化访问团，前往都江堰市，与已建成的14家职工书屋示范点开展“同享知识，共建和谐”主题活动。2009年至今，上海市总工会又每年投入60多万元，通过全国工会职工书屋图书配送中心调配包括维文图书在内的各类图书，为新疆喀什四县援建职工书屋示范点40家，总投入已达320万元。

努力将职工书屋引向社会，发挥其社会文化建设的作用，是吉林省总工会和各市（州）工会积极推行的一项重要举措。近10年来，当地工会充分发挥全国职工书屋示范点单位的引领带动作用，以点带面将职工书屋建设推向社会。各地针对外资企业职工工作节奏快、压力大、业余文化生活匮乏的特点，选择在典型的外企筹建职工书屋；针对街道社区居民中下岗职工多、缺乏再就业技能的实际，选择在社区筹建职工书屋；针对交通不便，职工接受现代信息机会困难的情况，选择在县区总工会筹建职工书屋。通过在不同区域、不同层面和不同行业先行先试，使职工书屋建设成为当地的一项标志性文化工程。

在职工书屋的建设中，安徽省合肥市总工会

创新思路，积极探索多元化的建设模式，高质量建设职工书屋，将固定书屋与流动书屋、流动书箱或流动图书车等形式结合起来建设，将传统书屋与电子书屋结合起来，将工作区书屋与职工公寓区、生活区书屋结合起来，把开展读书学习活动与解决企业生产技术重点、难点问题结合起来，实现职工书屋由“建”向“用”的转变。同时，努力将职工书屋建设纳入社会文化建设的范畴。为了扩大职工书屋的社会影响力，合肥市总工会利用全市各大媒体以及《合肥晚报》职工之家专版、《合肥工运》杂志、《合肥工会工作》杂志、合肥市总工会网站等工会自身宣传载体，广泛宣传建设职工书屋的目的和意义，充分介绍职工书屋的功能和作用，在社会上引起强烈反响。

浙江省是我国民营经济十分发达的省份。为提高众多民营企业经营管理者和广大农民工的思想道德素质和科学技术文化水平，推动全省社会文化建设，浙江省总工会首创“农民工文化家园”。为实现职工书屋建设初衷，方便工作生活在城乡接合部、工业园区、开发区和工业发达乡镇村的一线职工特别是农民工分享读书的快乐，同时又能享受文化娱乐和技能知识培训，省总工会在试点基础上，借鉴杭州、温州等地开展的集职工书屋、职工学校、工人文化宫“三位一体”的职工文化家园的建设经验，于2011年起启动了全省“农民工文化家园”建设项目。2013年，省总工会又联合省政府七部门制定出台了《关于认真贯彻党的十八大精神，进一步推进新时期全省企业职工文化建设的实施意见》，完善“农民工文化家园”建设标准，依托乡、镇、村农村大礼堂，实现共建共享。其中，浙江省省级“农民工文化家园”建设标准是：拥有500平方米以上的多功能室内活动场所，配有一定数量的图书、期刊和电脑；拥有1000平方米以上的室外文化休闲广场，设有球类等基础体育设施及简易演出舞台、露天舞池等文化娱乐设施；有专门管理人员和经费保障；积极开展适合农民工特点的各类健康有益的职工业余文体活动。

第四章

追求

2017年是职工书屋建设的第10个年头。经过近10年的发展，职工书屋已由最初的“星星之火”发展成今天的“燎原之势”。

她传播新知，把最好的精神食粮送到职工手中。每年，上千万册的优质图书都会在这里与各地的职工们相见，教育、科技、历史、人文、艺术等各类图书应有尽有。职工们在这里阅读学习、提升素质，收获了属于自己的成长。

她凝聚文化，企业文化、职工文化在这里发扬光大。许多企业的职工书屋已不仅仅是读书的地方，还是企业和职工开展各类文化活动的绝妙场所。职工们在这里泼墨挥毫、吟诗作赋、谈天说地，好不欢乐。

她传递力量，引领职工去发现和追寻他们的梦想。人生如船，梦想是帆，读书就是鼓帆的动力。当职工拼搏时，她为其加油鼓劲；当职工气馁时，她默默地给予温暖，帮助有志者实现梦想。

书屋托起成才梦

2.6 亿农民工是我国产业工人队伍中的重要群体，是中国改革发展中默默无闻的劳动者，是现代化城镇建设的功臣；他们大多来自农村，在城市中干着最苦最累的活，为城市带来了光鲜和美丽；他们大多学历不高，因为各种原因错过了最好的读书年华，但仍有一部分人坚守着读书成才的梦想。人生有梦不觉寒，在追寻梦想的路上，职工书屋永远为他们亮起一盏温暖的书灯。

“我微笑着走向生活，无论生活以什么方式回敬我，报我以平坦吗？我是一条快乐奔腾的小河……”2017 年 3 月，在中建二局一公司工会职工书屋开展的朗读活动现场，一位深情朗读、仪态端庄的女性农民工赢得了所有人的掌声。她叫夏荣斌，今年 47 岁，是一名来自江苏的普通建筑女工。因为读不上书，她来到建筑工地打工；因为割舍不了读书梦，她从未放弃阅读；因为职工书屋，她实现了职业和人生的一次次飞跃。

“职工书屋里飞出金凤凰啦！”中建二局北京顺义板桥项目上的工友们在兴奋地谈论着。2017 年 3 月的朗读活动，让夏荣斌这个普通农民工成了工友眼中的“明星”。人民网、《工人日报》《首都建设报》的记者们纷纷要求采访她，让她说说成为“金凤凰”的故事。夏荣斌对突如其来的关注却很淡定，她说，我只是有个不死的读书梦而已。

47 岁的夏荣斌看上去并没有一般农民工脸上的沟壑与沧桑，反而散发着一种淡淡的书卷气，这或许就是读书学习带给她的气质改变。从十几年前一个普通的农村妇女，到成功考取二级注册建造师，成为劳务施工队的骨干，夏荣斌走过了一条艰难却又幸运的读书成才之路。

夏荣斌的身世曲折，6 个月大时就被抱养到了夏家。她从小学习勤奋，成绩一直很优秀，曾经被评为江都县三好学生，但是在高三时，养父母表示无力再供养她上学。当时的夏荣斌很不想放弃学业，并对高考充满了信心，但经过激烈的思想斗争后，她最终选择了放弃高考，回家务农，用柔弱的身躯扛起了家庭的重担。虽然大学梦已经破灭，但夏荣斌心里对读书学习仍有着强烈的愿望。农闲时刻，她总是拿出随身携带的书籍，忘我地阅读，始终坚信学习是提升自己的最好方式，总有一天会学以致用。

2006年，为了给家里老人和孩子创造更好的生活，夏荣斌跟随丈夫来到北京打工。她做过油漆工、小工、勤杂工、建筑工，无论干哪一项工作，都能吃苦耐劳、认真负责。2013年，夏荣斌被派到中建二局一公司北京大兴项目工地务工。中建二局是世界500强企业中国建筑工程总公司的成员企业，在建筑行业很有实力。当工友们都在叽叽喳喳地议论到新项目工资会不会涨时，她却对公司的“文化福利”特别感兴趣。听说项目工会有职工书屋、职工小家等完备的文化设施，还经常组织农民工搞文化活动，夏荣斌心里暗自高兴，心想，要是能一边工作一边读书，那该是多美好的事情啊！

一次偶然的机会，夏荣斌被安排去大兴项目工会职工书屋打扫卫生。进入职工书屋的那一刻，她被眼前的场景深深地吸引了：书屋环境优雅别致，墙上挂满了催人奋进的名人名言，一排排书架鲜亮整齐，各种图书琳琅满目，杂志、报纸一应俱全。眼帘里一下子充满了这么多书，那一刻，多年来深藏在夏荣斌内心的读书梦似乎被重新唤醒。正好此时，工会主席李卓来到书屋添加书籍，夏荣斌怯生生地问道："主席，我能到这里看书吗？""当然，随时可以，想来就来。"李主席一边整理着书籍，一边回应道。"太感谢了，谢谢主席，我来帮您整理吧。"夏荣斌兴奋地接过李卓手上的书，麻利地放在了书架上。李卓很是好奇，眼前的这个女工气质仿佛与普通女农民工有些不同，但又说不出有哪里不同。"或许就是多了那么一点爱读书的人的气质吧。"李卓回忆道。

自从与职工书屋"偶遇"后，夏荣斌就成了职工书屋的常客。在那里，她如饥似渴地学习工程资料管理，学习安全管理知识，逐步积累了作为一个管理人员应有的基础才能。机会总是降临在有准备的人身上。2013 年 8 月，夏荣斌所在劳务公司的分包队资料员离职，劳务公司需要一个懂资料管理的人去协助技术部门准备竣工验收资料。分包队队长知道夏荣斌平时爱读书，就推荐了她。夏荣斌果然不负众望，她认真细致地完成了交办的全部工作，也因此得到了劳务公司经理的赏识。

2014 年，劳务公司需要增加一名劳动力管理员，经理便主动约谈夏荣斌，鼓励她参加北京市劳动力管理员的资格证考核，并承诺若考核通过，就让她负责公司的劳动力管理。那些日子，夏荣斌每日埋头在职工书屋里准备考试，努力学习，不敢有一丝懈怠。功夫不负有心人，刻苦的夏荣斌顺利取得了劳动力管理员的上岗资格证，并如愿成为一名劳动力管理员，她也完成了人生的第一次跨越。

职工书屋不仅使夏荣斌圆了读书梦，更重要的是为她搭建了更为宽广的舞台，拓展了她的事业空间。2015 年年初，夏荣斌随劳务队来到中建二局一公司北京顺义板桥项目施工。在工作中，她认真核查每个工人的身份资料和健康状况，并及时办理入场登记手续。在对新进农民工进行普法维权教育和协助安全部开展三级教育的过程中，她越发感到自己的专业知识还需进一步加强。

特别是担任了项目农民工督察队队长后，她发现自己未能全面掌握施工安全规范，在现场巡查时对一些规范要求还不清楚。此时，她又想到了职工书屋，那个曾经助她实现第一次职业生涯飞跃的地方。

原来，为了让每个项目工地的农民工都能享受到阅读的便利，总公司工会给每个项目都建设了职工书屋，哪里有项目，哪里就有职工书屋。截至2016年年底，中建二局各个项目的职工书屋已超过100个，总藏书超过5万册，公司用于职工书屋建设资金超过200万元。走进书屋，就像走进了知识的海洋,职工们在这里学习“充电”，相互交流、相互促进，职工书屋已经成了职工文化生活的精神家园。

夏荣斌带着当年的那种求知若渴的心情再次来到顺义板桥项目工会职工书屋，废寝忘食地阅读学习施工技术规范、施工安全、BIM应用等各方面的知识，并参加了一系列安全技术培训课程，认真听讲，仔细做笔记。课上不太明白的地方，她就去相关部门咨询学习，直到弄清楚为止。她知道，要想成为一名优秀的管理者，就必须不断学习，提升自身的综合素质，提高自己的管理水平。

为了更好地履职和规划自己的职业生涯，夏荣斌决定向更高的目标攀登。利用工作之余，她准备参加二级注册建造师的执业资格考试。当时很多工友嘲笑她说：“都一把年纪了还学什么？学了也没什么用，还不如回家抱孙子呢！”她笑着说：“对啊，我一把年纪了出来打工，不学习就没人聘用我了啊。”一开始，就连丈夫也觉得她不年轻了，没必要跟自己较劲。然而，夏荣斌却认为，考试是为了证明自己还有学习能力，还没有与社会脱节。报名后，她全心投入了学习，为了提高学习效率，她每天吃完晚饭后先睡一觉，晚上 9 点半起来学习到第二天凌晨三四点钟，实在太困了才去睡觉。2015 年，勤奋学习的夏荣斌一次性通过了二级注册建造师和安全员 B 本证书的资格考试，实现了职业生涯的第二次飞跃。同时，这也为她所在的劳务公司增加了执业资质，促进了企业的发展。

夏荣斌通过职工书屋改变命运、励志成才的例子，只是中建二局一公司职工书屋建设的一个缩影。不仅仅是夏荣斌，中建二局一公司的3000多名员工和3万余名农民工都从职工书屋获得了读书的动力，成长成才。通过职工书屋，公司员工素质得到普遍提升，增强了做事创业的能力，涌现出了很多读书成才的典型人物，如深圳分公司的五一劳动奖章获得者尹马琳就是个“读书迷”，也是个科技带头人，还有从“木匠”成长为项目经理的吴高峰，都是通过读书成长为企业中坚力量的代表。

为了更好地发挥职工书屋的作用，中建二局一公司工会还积极探索职工书屋建设的新思路、新方法，创新驱动职工书屋建设转型升级。“亲情呼唤安康”即是从职工书屋发起的一项创新活动。该活动是中建二局一公司从2010年起，连续七年开展的旨在关心关爱留守儿童和农民工健康安全的一项社会公益活动。每年暑假，中建二局一公司都会帮助部分留守儿童来到工地和父母团聚，其中有一个“保留节目”，就是让孩子和自己的爸爸妈妈一起来到职工书屋，共同朗读一段国学经典，学习安全知识，共享美好的阅读时光，让广大农民工既享受了家庭团聚之乐，又提高了国学知识和安全意识。中建二局一公司也通过这样的文化活动，收获了和谐发展、安全发展，达到了企业、农民工、留守儿童三方受益的效果。在2016年《人民网》开展的“年度十大人民责任”评选中，该活动成功入选社会责任优秀案例。

除了一公司工会，中建二局一公司的其他各项目单位也积极依托职工书屋创建职工创新工作室，有力推动了企业科技创新。目前，中建二局一公司的职工（劳模）创新工作室已达20个，工作室成员已将近200人。创新工作室带动了一大批年轻人积极投身到科技创新活动中，他们在创新中学习，在创新中成长，为公司今后的转型升级储备了大量科技人才和宝贵的创新经验，涌现出广东省五一劳动奖章获得者王琦、超高层专家张海军、鲁班奖总工杨洁等科技达人。

当前，中建二局一公司工会职工书屋正在积极打造以夏荣斌命名的“荣斌读书会”，以夏荣斌读书成才的励志故事，号召公司全体员工和农民工参与到职工书屋建设和读书活动中来。公司工会通过在中建二局一公司总部职工书屋挂牌成立“荣斌读书会”，将总部机关爱好读书的职工组织起来，每周开展一次读书交流活动，以打造“智慧总部”为宗旨，提升总部管理人员的综合管理水平。下一步，公司工会计划扩大“读书会”参加人员范围，把全公司所有喜欢读书的职工吸纳进来，组织读书会、诗歌朗诵会、专业知识培训交流、户外读书采风等活动，逐步将读书会打造成企业文化建设品牌，让公司涌现出更多的夏荣斌，让职工书屋永远散发育人成才的馨香。

“行之苟有恒，久久自芬芳。”在征服了人生一个个挑战后，2017 年，爱读书的夏荣斌又给自己定了一个新目标——考取注册安全工程师。“我只是想通过不断的学习来提升自身的修养，充实自己的生活，证明自己的社会价值”，她说，“读书学习永远在路上”。

书屋是值得用心经营的事业

有这样一群人，他们默默地扎根在职工书屋里，每天与书为伴，为书寻找知己，为书屋拂去尘埃，把成千上万册图书管理得井井有条，让每一个来书屋的人都感到宾至如归——他们就是活跃在基层企业大大小小职工书屋里的图书管理员。对于他们来说，职工书屋就是自己的“家”，最开心的就是看到“来家做客”的人越来越多。职工书屋对他们来说不仅仅是一份工作，更是一份用心经营的事业。

“年纪轻轻就在图书馆里待着，可惜了……”这位“被可惜”的年轻人就是中国航发南方工业有限公司职工书屋的管理员谢岳华。那一年，他32岁，与两名即将退休的老同志董碧玲、袁淑谋一同被安排到公司工会图书馆（公司职工书屋的前身）上班。然而，令人意想不到的是，谢岳华从此开启了属于自己的书味人生。

“我记得那是2005年2月，我接到公司的通知，让我去公司的图书馆上班，就想着正好我喜欢读书，去就去吧。”忆及当初，谢岳华这样说道。

中国航发南方工业有限公司始建于1951年，是我国早期六大航空企业之一。公司工会图书馆与公司同时创建，历史十分悠久。2005年，公司对工会图书馆进行了一次大规模的装修扩建，面积扩大到1000平方米。然而，与高大上的外观极不相称的是，图书馆里的图书十分陈旧，已经很多年没有更新了。图书的借阅方式也非常落后，依然采取手工借阅。最令人尴尬的是，平时偌大的场馆里只有寥寥十几个职工来看书，登记注册的职工读者也只有200余名，这与一个拥有上万人的大企业十分不匹配。谢岳华就是在这种情况下来到工会图书馆工作的。

抛开旁人的眼光，谢岳华很快投入工会图书馆的工作中。他与董碧玲、袁淑谋一起，从最简单的整理图书馆环境开始，把上百个书架一一擦拭干净。没有图书管理经验的谢岳华，每天捧着上千页的《中国图书馆分类法》研究图书分类。三人按照标准分类方法将几万册图书一一分类上架，整整干了一个月，扔掉了几十只口罩，磨穿了20多双棉纱手套，才将图书馆整理妥当。当一本本图书整整齐齐地摆放在书架上时，工会图书馆仿佛焕发了新的生机。

然而，困扰图书馆发展的一些关键问题却没有得到解决。一直以来，公司图书馆都是采用年度经营目标考核制，每年要定期上缴经营利润。为了完成考核目标，谢岳华每天活跃于各车间科室搞推销，阅览、借书全部按天收费，尽管收回了一些费用，但企业员工都将工会图书馆等同于租书小店，美誉度偏低，严重影响了大家读书的积极性，图书馆的作用没有得到很好的发挥。

2008 年，谢岳华在翻阅《株洲日报》时偶然得知，全国总工会正在大力推进职工书屋建设，每年援建 1000 家职工书屋示范点，并为每个书屋免费配送价值 3 万元的图书。谢岳华心想：倘若能申请下来全国工会职工书屋示范点，或许能解决一下工会图书馆的“收费尴尬”。他立刻找到了株洲市总工会宣教部部长谭咏剑。从谭部长那里得到的消息让谢岳华又喜又忧：喜的是，下一年度的全国工会职工书屋示范点的申报正在进行中，现在申报还来得及；忧的是，株洲市仅有三个名额，竞争相当激烈，若想申请下来，书屋建设必须搞得好，自己工作的图书馆不知道能不能申报得上。但不管怎么样，他都决定试一试。

从市总工会回来后，谢岳华立即向公司领导汇报了申请全国职工书屋示范点一事。在得到公司领导同意后，他上网下载了相关申报表格，汇总了近年来公司工会图书馆开展工作的各类文件、照片，装订成册递交到株洲市总工会宣教部。为了扩大本公司工会图书馆的影响力，增加申请职工书屋示范点的可能性，谢岳华还经常给《湖南工运》杂志撰写文章，介绍宣传本公司工会图书馆的发展。与此同时，当有领导前来视察、兄弟单位前来交流经验时，谢岳华都会有意识地宣传工会图书馆的工作进展，形成了良好的社会形象。

2009 年 5 月 10 日，经过多方努力，中国航发南方工业有限公司工会图书馆正式挂牌成为全国工会职工书屋示范点。对于谢岳华来说，这是值得纪念的一天。他从此多了一个身份——职工书屋“屋长”，正式成为一名职工书屋管理者。谢岳华十分看重自己的这个身份，因为他深知这一结果来之不易，服务职工读者的责任也更加重大。

职工书屋示范点的成功申请给了谢岳华很大的鼓舞，也让公司工会认识到职工书屋建设的重要性，决定将职工书屋重新定位为服务社会、履行社会公益责任的重要窗口，大力加强软硬件投入，并最终实现了全面免费开放。首先，外借报刊阅览、图书全部免费，并将服务对象从企业员工扩展到社区居民,让更多的人享受书屋的福利;其次，由原来的手工借阅全面升级为计算机管理借阅，投资 2 万元新增了图书磁检仪、磁条充消仪等设备，加强书屋的管理；再次，每年投入 3 万元用于图书的更新和采购，确保新书、好书能及时上架，满足职工的阅读需求；最后，针对读者群不断扩大的现状，扩建了图书阅览区，拓展书屋空间。

“升级为职工书屋后，职工阅读仿佛有了根基，书屋一下子就活了起来。”谢岳华说道。各二级单位都积极组织动员职工到职工书屋借书、阅览，开展读书心得评选展示等活动。职工书屋还主动与周边中小学校开展互动，让职工书屋成为学生的第二课堂，“读书好、好读书、读好书”在公司蔚然成风。2009 年 8 月，株洲新闻网“株洲读书月”专栏发表通讯《你到过株洲市最大的职工书屋吗？》，公司工会职工书屋成为受大众广泛关注的读书学习典型单位，也吸引着更多的人来到职工书屋读书学习。

职工书屋的生命力在于职工对书屋的需求。让更多的人享受职工书屋的阅读福利，充分发挥职工书屋引领职工阅读的作用，成为谢岳华心里更高的目标。“跳出书屋看书屋，融入社会办书屋”是他的书屋发展理念，原本内向的他把“推开每一扇虚掩的门”当作信条，迸发了连他自己都难以相信的强大力量。在拜访株洲市委宣传部副部长、株洲日报社社长赵先辉时，谢岳华提出以公司工会职工书屋为基础，合作建立芦淞区图书馆的建议，获得赵社长的认同。芦淞区委宣传部部长谭义群在听取相关汇报后，认为企业与政府合建图书馆，有效地解决了资源共享的问题，并委托芦淞区委宣传部副部长任思红负责相关工作的推进。在芦淞区委宣传部的全力支持下， 2011 年 7 月 6 日，芦淞区图书馆隆重挂牌全面开放。

职工书屋日新月异的发展，引起了中国航发南方工业有限公司高层领导的关注和重视，意识到职工书屋对职工成才和企业发展有着不可替代的重要作用。因此，公司工会决定在二级单位大力推进职工书屋建设，让谢岳华负责所有图书资源的配备和各二级单位职工书屋的管理。2011年到2016年，公司在二级单位共建立职工书屋22家，构建了以工会职工书屋为总馆、基层职工书屋为分馆的管理模式，实现了职工书屋的网状拓展，同时将触角向科研生产一线延伸，配备了专业技术图书2万余册，极大地满足了企业职工日益增长的读书需求和专业技能提升需求。各分公司广泛依托职工书屋开展各类读书活动，收集职工读书心得，在宣传窗进行展示、评选。许多单位还将收集到的大量职工原创作品汇集成册,职工书屋俨然成为企业职工智慧的“聚宝盆”，出现了精密加工中心的《金钥匙》、设备保障中心的《维护指南》、热表处理中心的《零件表面处理讲义》等智慧成果，为公司专业技术的“传帮带”积累了丰富的经典案例。公司职工书屋等相关课题研究在获评公司政工成果一等奖之后，还入围了国资委政研成果三等奖。

与政府、社会的紧密互动，推动了职工书屋的社会化发展，获得了广泛的社会支持。2016年，公司职工书屋与株洲市图书馆达成共建24小时

“智能书屋”的协议，由企业提供场地与电力供应,市图书馆提供硬件和图书资源。同年9月,“智能书屋”正式建成开放，每月图书流量达到一万余本次，相当于一座普通县级图书馆的借阅量。2017 年，根据计划，中国航发南方工业有限公司职工书屋被纳入株洲市文化共建共享体系，每周开放时间达到 50 小时以上，所有职工书屋的图书与市图书馆各分馆实现“通借通还”，图书使用效率得到极大提升。

时光荏苒，谢岳华在职工书屋的岗位上一干就是 10 年。这 10 年，谢岳华见证了职工书屋的变化成长。每当看到职工书屋里坐满了阅读的人，他的心里就会涌起一种特别的幸福感。“不是有句话说，如果这世界有天堂，那它一定是图书馆的样子。如果可以，我愿意在职工书屋工作到退休，它是值得经营一辈子的事业。”

书屋让企业更美好

读书学习一直都被认为是一件“个人的事情”，然而，当很多人不读书或读不到书时，它就成为影响企业发展甚至国家发展的“社会问题”。2008 年，为解决广大职工读书贵、读书难的问题，职工书屋应运而生，让很多企业意识到，阅读学习不仅是职工个人的事，也是企业的社会责任，对企业发展有着重要的推动作用。而今，职工书屋已经成了很多优秀企业的“标配”，职工书屋的功能和意义也在不断拓展和延伸，它不仅是职工阅读学习的地方，更是企业的综合文化服务空间，是企业文化、职工文化建设不可分割的一部分。

阳春三月，春意盎然。走进海南八一总场职工书屋，浓浓咖啡香扑面而来，淡淡茶香沁人心脾，翰墨书香清新袭人。一排排整齐的书架上摆满了生产、生活、历史、文学、艺术、摄影等各种书籍，《人民日报》《工人日报》等各种报纸杂志应有尽有。书屋里，阅读区的职工在静静阅读，休息区的职工在小声地聊着天，走入其间，就像走入了“家”一样温馨。

海南八一总场职工书屋建在依山傍水、风景秀美、空气清新的明湖湖畔。明湖是八一总场的一个地标性的景点，每逢晚饭后，职工们都会到这里散步、休闲，走累了，他们就会到职工书屋里歇歇脚、喝喝茶、聊聊天，或是干脆静静坐下来，拿本书读读。

海南八一总场始建于 1957 年 6 月，其前身为国营和盛军垦农场，如今是一家集农、工、商、建、运于一体的国有企业，有职工 1200 多人。为了满足广大职工的读书需求，总场工会决定建设一个职工书屋，让大家闲暇时有书读，有地方去。经过一番努力，职工书屋终于建好了。

职工书屋建好了，怎么吸引职工成了管理者面临的一个课题。为了增加书屋的吸引力，总场工会对职工书屋进行了一番装修，还给书屋取了一个书香味十足的名字——尚品轩。在书屋装修上，他们按照居家风格进行设计，为的就是营造一种家的感觉。在图书布局上，还根据不同的阅读需求设立了不同的专区，如人生哲理、养生保健、企业管理等，让不同的人能很快寻找到自己喜爱的书。为了体现农垦特色，八一总场职工书屋还专门设置了“垦区文化”图书专区，摆放了与农垦相关的书籍。除了图书，书屋还配备了电脑、ipad，开设了无线 Wi-Fi 等电子设备，实现无线网络全覆盖。同时，职工书屋还供应各式饮品，让读书变得更加“有滋有味”。所有这些良苦用心果然没有被辜负，整装一新、图书充实、氛围温馨的职工书屋吸引了很多职工前来。职工们都说，以前业余时间总是没地方去，不是看电视就是打牌。如今有了这么温馨的职工书屋，大伙都愿意在这待着，来了就不想走了。总场工会副主席王世广说：

> 我们的职工书屋与咖啡屋相结合，形式上很灵活，很接地气，平时领导和职工群众都会在那里喝咖啡、看书与交流。现在，书屋已经成为职工和领导说心里话的重要场所，成为农场传播正能量与良好风气的渠道之一。

为了保持和增强职工书屋持续的生命力，八一总场在职工书屋的运作模式上也下足了功夫。他们摒弃了“开开门，看看书，关了门，再开门”这种简单的管理模式，而是按照公益与市场相结合的方式经营职工书屋，实现“以书屋养书屋”的目的。对职工，坚持公益创办的理念，不赚职工一分钱，给每个职工都发放一张“优惠卡”用于书屋消费。对社会上来书屋消费的人群，也考虑到公益的一些因素，相应控制价格，做到比市场上的同类咖啡屋价格要低一些。这一模式吸引了更多的人来书的海洋畅游，进一步扩大了总场职工书屋的影响力。经过几年的运营，职工书屋还有少许盈利，实现了“以书屋养书屋”的良性循环。

“黄红丹，又‘充电’去啊！”“是啊！这不，职工书屋又有新书了。”回话的人是先后多次被评为农垦总局、八一总场优秀共产党员和先进生产工作者，2013年获得海南农垦“巾帼建功标兵”荣誉称号的八一总场财务科长黄红丹。

有人说黄红丹“天生聪明、有天赋”，其实不然。一个人无论多么聪明、多么有雄心，若没有勤奋读书的实际行动，一切都是空中楼阁，只有勤奋读书才能出人才，只有努力工作才能创造业绩。

黄红丹曾说，“要想有船来，就必须修建自己的码头”。作为一名财务人，每一个环节、每一个数字，一时疏忽都可能造成大错。为了减少差错，提升自己的专业素养，黄红丹工作之余常常到职工书屋“充电”，自觉学习政治理论知识、国家有关的法律法规，尤其是财经纪律方面的有关规定，不断运用和实践财务专业知识，服务八一总场创业。正是凭借着在职工书屋对财务知识的不断刻苦钻研，并在实践中不断总结经验，锻炼了她敢于啃硬骨头、善于攻坚克难的精神。她先后制定了《八一总场财务管理办法》《八一总场全面预算管理办法》《八一总场发票及收据管理办法》等多项财务管理规章制度，并在此基础上，按照“五个规范，一个提高”的要求，认真扎实做好会计凭证、会计科目设置和使用、银行账户现金和票据的管理、财务报告、会计档案保管等规范化工作。通过这样的管理，真正做到管好用好每一分钱，根据企业工作需要，及时合理安排资金，保证农场日常工作和专项工作的正常运转，用严格的管理制度把握好资金支出关口。

如今在八一总场，像黄红丹这样常常出入职工书屋自学的职工不胜枚举，每一位职工都可以在职工书屋里找到自己需要的“知识养分”。

除了为职工提供阅读学习的场所和充足的精神文化读物，八一总场职工书屋能够吸引众多职工的另外一个重要因素是，总场工会将特色文化建设与职工书屋相结合，打造职工书屋的向心力和感召力，形成了著名的文化品牌。

这个著名的文化品牌就是“职工大讲堂”，每两周举行一次，已经连续举办4年，将近100期。经过几年的发展，“职工大讲堂”也不断升级，从“职工大讲堂”到“职工大辩论”再到现在的“职工大演讲”，不断适应职工和企业的需求。通过这一品牌文化活动，八一总场深化了职工的读书学习效果。职工到职工书屋读了什么好书，就到大讲堂去讲读书后对人生的感悟、对工作的启发、对企业管理的建议等。总场场长罗永华亲自带头，用三个小时给职工们讲了一堂精彩的课——“企业管理的道与德”，他通过在职工书屋学到的广博的知识，将中国上下五千年历史与企业管理有机结合起来，讲授企业管理中的道与德，让职工们既感受到中华文化的博大精深，也学到了很多企业管理方面的知识，可谓受益良多。

八一总场还将职工书屋与“八一幸福家园”微信群结合起来，将一些职工的读书感悟发到微信群里共享，供大家探讨，都来发表自己的观点。比如，他们发起的一个读书大讨论——从《一封总经理的辞职信》，谈企业的发展以及如何完善职业经理人制度。很多职工在这样的大讨论中厘清了自己工作和生活中的困惑，重新燃起了工作的热情，增强了对企业的感情。八一总场职工书屋就是这样解决“死读书”“读死书”的问题，通过创新、共享、融合的方式，促动大家多读书、善读书、读好书，提高职工的文化软实力，锻造企业的综合实力。

八一总场创建职工书屋以来，越来越多的职工在业余时间习惯走进书屋，享受读书带来的乐趣。职工书屋已经成为职工获取信息、学习知识和丰富精神生活的综合文化空间。现在，在八一总场如果要问“谁最无私、热情、真诚、有求必应”，很多职工都会说是职工书屋。它为所有职工提供了良好的学习场所，不断地给予职工知识和文化的滋养，帮助职工攻克工作上的道道难关，解答生活中的种种疑惑，成为职工职业发展和心灵成长的“加油站”。它提升了职工的文化素养和技能素质，促使职工将文化和技能转化为生产力，有效促进了企业的科学发展。

八一总场成立职工书屋至今，企业经济效益实现八年连续递增：由2008年的亏损873万元，到2015年累计盈利8862万元。近年来，八一总场多次获得“全国文明单位”“全国五一劳动奖状”“全国企业工会十面红旗单位”“全国厂务公开民主管理先进单位”“全国职工教育培训示范点”“海南省文明示范镇”“海南省最美小镇”“海南100个特色产业风情小镇”“海南综治先进单位”“海南省纳税信用A级单位”“海南省百强企业”“海南农垦先进党委”“海南农垦六五普法先进集体”等20多项国家和省局级先进荣誉。连续八年，总场领导班子民意满意度测评均达98.9%以上。

书香吹得企业兴。海南省总工会对八一总场

职工书屋给予了高度评价，充分肯定和赞扬了八一总场职工书屋建设中“以文化人、以书兴业”的成功经验。2016年，八一总场职工书屋荣获“最美基层图书馆”称号，这是省内唯一获此殊荣的基层图书馆。

第五章

延伸

党和国家高度重视文化建设，尤其是公共文化服务体系建设。党的十八大报告强调，扎实推进社会主义文化强国建设，开展全民阅读活动。在我国《新闻出版业“十二五”时期发展规划》里，职工书屋建设被纳入新闻出版公共服务网络体系。全国总工会发布的《全国职工素质建设工程五年规划（2010—2014 年）》提出，要把提高职工队伍整体素质作为一项战略任务抓紧抓好，进一步加强职工书屋建设；在《全国职工素质建设工程五年规划（2015—2019 年）》中，全国总工会再次明确提出每年职工书屋的建设目标，并要求要加强和规范职工书屋建设。

党中央、国务院提出推动文化产业成为国民经济支柱性产业，使文化产业发展上升为国家战略，为职工书屋的发展提供了难得的历史机遇；职工群众快速增长的精神文化需求，为职工书屋的发展提供了巨大的发展空间；科技进步特别是信息网络技术的迅猛发展，为职工书屋的升级提供了重要技术支撑；新闻出版业的快速发展，为职工书屋提供了更多品种丰富、质量上乘的文化产品；全国总工会和各级工会的高度重视，为职工书屋的发展提供了坚强的思想保证和组织保证；职工书屋管理人员及专业人员的不断扩充，为职工书屋的发展提供了人才保障。这些都为职工书屋建设提供了重要机遇，同时也提出了更高的要求。

为了满足地方需求，适应职工群众不断提升的阅读需求，全国工会职工书屋建设领导小组认真学习中央关于文化建设的重要精神，积极开展调研工作，深入基层了解一线职工的需求。

2014 年 1 月 27 日，全国总工会印发《全国工会职工书屋建设工程五年规划（2014—2018 年）》。其中特别提出了职工书屋今后创新发展的“三化”方向与任务：

推进职工书屋综合化建设，努力实现功能的延伸。要在发挥职工书屋阅读学习功能的基础上，进一步向职工综合文化平台延伸。要及时更新图书，完善阅读设施，进一步增强职工的学习效果。要与职工素质建设工程相结合，利用职工书屋丰富的学习教育资源开展思想政治教育、技术技能培训等活动；要与企业职工文化建设相结合，依托职工书屋举办读书会、演讲、朗诵、文艺创作、书画摄影展览等各类活动，让职工书屋成为职工自我学习、自我教育、自我提高的综合平台。有条件的职工书屋可开展公益性的图书经营活动，增强职工书屋的活力，使职工书屋建设与组建工会、创办职工帮扶服务中心、建设“职工之家”等工作进一步有机结合，在促进工会成为枢纽型社会组织，成为学习型、服务型、创新型组织过程中发挥重要作用。

推进职工书屋数字化建设，努力实现内容的延伸。在切实配好纸质图书的同时，积极探索职工书屋数字化建设。完善和更新职工书屋电脑及上网设施，为职工提供网络阅读、信息查询的便利条件。因地制宜，加大对数字化、多媒体阅读设施的建设，为职工提供无线上网、手机阅读等服务。开发建设全国职工书屋图书数据库，逐步形成各级工会共享的电子职工书屋阅读平台。

推进职工书屋便利化建设，努力实现服务的延伸。各地工会要根据企业实际情况和职工的需求，统筹考虑做好书屋选址、基础设施建设、人员配备等方面的工作，为职工书屋便利化建设创造条件。各地职工书屋及时更新图书、合理安排开放时间，完善借阅管理制度，开展各类活动，为职工提供周到便利的服务，吸引更多的职工群众到书屋中来。

"三化"当中，综合化、便利化主要是基层实体职工书屋建设模式的创新发展，数字化则是超越实体职工书屋和纸质阅读的延伸与升级。在综合化、便利化建设方面，各地工会和基层单位相继涌现出了很多创新做法，而在"三化"之中，通过电子职工书屋实现数字化，则既是综合化的重要内涵，也是实现便利化的重要方式，成为实体书屋、纸质阅读的重要补充与延伸。

此时此刻，呼唤电子职工书屋的建设，便成为从全国总工会领导到全国亿万职工群众共同的心愿。

何为电子职工书屋？电子职工书屋通过电

脑 PC 端、手机端 App、平板电脑等多终端呈现，充分应用主流前沿的数字阅读技术，内容丰富，有特色并不断补充更新，不受场地和时间限制，契合阅读潮流，成为实体书屋和纸质图书的重要补充和延伸，也可以称为“互联网 + 职工书屋”。

电子书屋　生正逢时

实施电子职工书屋建设工程是职工书屋自身发展的需要。综合考量职工书屋的发展，全国总工会领导决心以推进职工书屋数字化建设来带动职工书屋综合化建设以及职工书屋便利化建设，通过电子职工书屋建设工程来拓展和延伸职工书屋的内容、功能与服务，进一步提升职工书屋建设水平，打造工会的优秀文化品牌，更好地服务广大职工群众。

截至 2013 年年底，全国总工会已在全国扶持建设职工书屋示范点 6000 家，带动各地工会建设职工书屋逾 6 万家，职工书屋建设取得了显著成绩。但相对我国职工总数已经超过四亿人的现状，现有的职工书屋还远远不能满足职工的需求。电子职工书屋在更广泛地覆盖职工、满足职工需求方面具有较大优势。例如，有一些企事业单位的职工没有条件进职工书屋进行阅读，像建筑单位的不少职工总是要待在施工现场，还有一些单位的职工们则需要进山、下矿、出海，在这些艰苦的工作条件下,他们的文化生活相对单调。电子职工书屋则可以满足这些职工的文化需求，离线下载几本优秀的图书或刊物放在手机里或笔记本电脑里，随时都能阅读。

电子职工书屋是职工书屋创新与发展的重要阶段，是职工书屋概念的拓展与延伸。它是在职工书屋的基础上，以职工书屋累积的资源为基础资源，以现代化、数字化为技术手段，以多媒体、多终端为呈现方式的公益性工会数字资源平台。电子职工书屋的建设离不开已有的实体职工书屋，实体职工书屋的继续发展则依靠电子职工书屋，两者相辅相成，是整体性职工书屋建设工程的不同阶段和有机构成。

实施电子职工书屋建设工程是适应数字阅读的内在要求。数字阅读是国民阅读的一大趋势。

地铁、快餐店、公交车站……到处都能看到用手机、平板电脑或手持阅读器看书的人。第十一次全国国民阅读调查的结果表明，2013 年国民数字化阅读方式（包含网络在线阅读、手机阅读、电子阅读器阅读、光盘阅读、PDA/MP4/MP5 阅读等）的接触率为 50.1%，较 2012 年上升了 9.8 个百分点。对我国国民倾向的阅读形式的调查结果显示，66.0% 的成年国民倾向于“拿一本纸质图书阅读”，15.6% 的国民倾向于“手机阅读”，15.0% 的国民倾向于“网络在线阅读”，2.4% 的人倾向于“在电子阅读器上阅读”，1.0% 的国民“习惯从网上下载并打印下来阅读”。因此，已经有 1/3 的国民倾向于数字化的阅读方式。如果职工书屋建设不能紧跟这种阅读趋势，必然“不接地气”。

更重要的是，数字阅读在引导阅读方面确实具有不少优势，这些优势更引起全国工会职工书屋建设领导小组同志的高度重视。他们清醒地看到，数字阅读最大的优势在于可以使人们随时随地获取大量信息，不受时间和空间的限制。电子职工书屋建设工程顺应数字阅读的趋势，可以使职工随时随地进行阅读，更好地培养阅读习惯。此外，由于纸质阅读带给读者的体验始终是数字阅读无法取代的，因此电子职工书屋与职工书屋并行建设、相辅相成的方式能最好、最有效地服务到职工，丰富他们的阅读生活。当职工在职工书屋阅读到一本喜欢的书时，回家后他可以通过电子职工书屋继续阅读这本书。同样，如果职工在电子职工书屋发现了一本喜欢的书，他也可以到职工书屋去借阅纸质版图书来细细品读。如果职工非常喜欢这本书，想要收藏它，他还可以通过职工书屋图书配送中心订购。这种线上线下资源统一、一条龙服务的电子职工书屋建设理念能够给职工阅读带来最大便利，从而更好地培养起阅读的生活习惯，也能更广泛地传播优秀的思想，塑造高品位、高素质的人才。

实施电子职工书屋建设工程是对各地工会需求的响应。近 10 年来，全国工会职工书屋建设小组工作人员前往各地调研职工书屋建设情况时，很多地方工会的负责同志和职工书屋的工作人员反映，他们在工作中深切感受到建设电子职工书屋十分必要。各地工会的职工书屋工作报告中也都提到，建设电子职工书屋是职工书屋下一步的发展方向，是对职工数字阅读需求的积极响应。不少工会在电子职工书屋建设上也做了积极尝试。

集中筹建　突出特色

2014 年 8 月，第四期全国工会职工书屋管理人员交流培训班在内蒙古呼和浩特市举办，专题研究部署全国工会电子职工书屋建设工作。中华全国总工会党组成员、经费审查委员会主任、全国工会职工书屋建设领导小组组长李守镇对下一步职工书屋建设，特别是推进职工书屋数字化建设做了部署。时任中国工人出版社党委书记、社长、总编辑、全国工会职工书屋建设领导小组副组长李庆堂作《科学实施电子职工书屋工程，大力推进职工书屋数字化建设》的主题报告，总结全国工会职工书屋建设领导小组工作团队一年多来的研究情况，对统一建设电子职工书屋平台的必要性、可行性以及建设思路做了介绍，获得与会代表的广泛赞同，并就此进行了深入研讨，对进一步完善建设思路提出了很多有益的意见和建议。会议正式确定在建设实体职工书屋的基础上，以职工书屋累积的资源为基础资源，以现代化、数字化为技术手段，以多媒体、多终端为呈现方式，建设公益性工会数字资源平台。

2014年年底，按照全国工会职工书屋建设领导小组的统一部署，在全国总工会宣教部的协调指导下，中国工人出版社专门设立数字传播中心暨全国工会电子职工书屋项目团队，调集并招聘专门人员，组成电子职工书屋技术组、内容组、用户服务组，专题研究和进一步完善具体建设方案。

2015年年初，《全国工会电子职工书屋建设工作总体方案》获全国工会职工书屋建设领导小组审议通过，并被列入全国总工会当年的工作要点。方案确定，由全国总工会进行基础建设投入，其中2015年、2016年两年先期预算投入上千万元，后续每年陆续补充投入。地方工会及基层单位分摊更新维护、运营服务等费用，开通电子职工书屋用户端，基层职工免费使用。总体实现集约化投入，广泛普惠职工。

2015年4月，时任中华全国总工会副主席、书记处书记刘国中在相关汇报上批示，“有利于出版社创新发展和更好地服务职工群众，总体赞成”。

在此之后，电子职工书屋建设工程进入紧锣密鼓的具体建设阶段。

为做好电子职工书屋建设，全国工会电子职工书屋项目团队对备选软件平台承建合作单位、图书数字化加工单位进行了广泛调研考察，在综合开发资质、技术能力等因素基础上，邀请技术专家以及全国总工会宣教部、财务部等主管部门负责人共同指导，选定了具有专业性、权威性的软件系统开发协作单位，先进可靠的网络服务器托管方以及成熟的图书数字化加工单位。

内容建设是数字阅读的基础工作。全国工会电子职工书屋项目团队结合往年职工书屋纸质图书配送经验，不断吸收各地工会和广大职工的意见需求，对电子职工书屋的门类进行了细致梳理，整理出12大类及几十个细分门类，精选特色内容资源。这些门类既包含经济管理、人文社科、历史传记、小说文艺、心理励志、健康生活等贴近职工文化生活阅读的基础门类，又专门设置了素质技能、法律维权、思想政治等特色门类，再加上农民工、大国工匠、企业职工文化等主题读物，力争做到职工喜闻乐见与主旋律、正能量并重。项目团队广泛考察各大出版集团、出版社及相关资源供应商，除对工会职工特色门类资源进行整理加工外，在大众文化生活读物方面，相继与中国出版集团、作家出版集团等建立内容资源供应关系，认真遴选内容资源，不断做好扩展更新工作。

在为职工读者设计特色内容功能的同时，电子职工书屋阅读平台还设计了系列配套管理功能。比如，对职工阅读数据进行自动统计，通过大数据分析阅读情况，根据读者阅读特点后续不断增补新内容。同时，利用职工阅读数据生成阅读量排名，各级工会组织及个人读者用户均能了解自己在各区域、层次、时段内的阅读情况及排名，形成相互激励的机制和阅读氛围。各级工会组织和广大基层单位通过后台进行职工读者账号分配管理。

与此同时，电子职工书屋配套管理平台还设

置了职工书屋示范点申报、已建职工书屋信息登记查询、纸质图书在线选定配送、图书借阅管理软件等，逐步实现实体职工书屋在线管理。

2015 年 10 月，电子职工书屋阅读系统初步建成；10 月 21 日， 李建国和李玉赋、刘国中、李守镇等全国总工会领导同志在视察中国工人出版社时，听取了职工书屋建设情况汇报，并现场试用了电子职工书屋系统。

2015 年 12 月 16—18 日，新建成的电子职工书屋阅读系统在首届全国工会新媒体论坛上进行了项目展示，得到各地工会组织的广泛关注。

2015 年 12 月 21—23 日，第五期全国工会职工书屋管理人员交流培训班在北京举办，并隆重举行了全国工会电子职工书屋开通仪式。中华全国总工会党组成员、经审会主任、全国工会职工书屋建设领导小组组长李守镇，全国总工会宣传教育部部长、全国工会职工书屋建设领导小组副组长王晓峰，全国总工会财务部部长、全国工会职工书屋建设领导小组副组长朱思泽等共同启动开通全国工会电子职工书屋。李守镇在会上表示：

未来电子职工书屋建设的重点一方面是推广使用，另一方面也要不断升级拓展。目前，我们建成的电子职工书屋是第一期工程，实现数字阅读的基本功能。后续，我们还会分期开发、不断完善，逐步开发用户阅读交流分享等互动机制，拓展期刊、多媒体、学习资料、案例库等资源，并完善图书在线选定配送、图书借阅管理、阅读情况数据反馈等功能。

2016年1月，全国工会职工书屋建设领导小组办公室、全国总工会宣教部印发《关于做好全国工会电子职工书屋推广使用工作的通知》，要求各级工会组织要把电子职工书屋的推广使用作为职工素质建设、保障和服务职工文化生活的重要工作，高度重视，统一安排和部署，确保电子职工书屋广泛覆盖，使职工普遍受益。

电子职工书屋上线后，各地工会陆续进行了推广使用。海南、湖北、江苏、吉林、青海等省级工会，北京丰台区、辽宁沈阳与锦州、深圳宝安区、四川攀枝花市等地市（县、区）工会，中建二局、神华、中铁、中原油田等大型企业工会陆续为本地职工开通阅读账号。目前，电子职工书屋的职工用户已达上百万人，并正在不断地迅速增加。

一人一书屋 无处不阅读

按照全国工会职工书屋建设领导小组办公室、全国总工会宣教部印发的《关于做好全国工会电子职工书屋推广使用工作的通知》的要求，各级地方工会组织、产业工会、企业单位积极结合自身情况，为职工开通电子职工书屋阅读系统。

2016 年 4 月 21—22 日，海南省总工会举办全省工会系统新媒体运营暨电子职工书屋实施工作培训班，省总工会副主席郑有基作动员讲话，有关专家进行授课。来自全省各市县、产业系统和省直属基层工会的分管宣教工作的部分领导、宣教部长，以及省内 93 家全国职工书屋示范点管理员共 160 多人参加培训。

本次培训班旨在贯彻落实中宣部、中央网信办全国网络宣传工作会议精神和全国总工会《关于加强新形势下工会网络宣传和舆情工作的意见》以及海南省总工会六届七次全委扩大会议精神，全力推动全省工会系统新媒体建设，同时根据《关于做好全国工会电子职工书屋推广使用工作的通知》和省总工会实施“文化普惠职工”系列行动的部署和要求，稳步推进全国工会电子职工书屋在海南全省的推广使用工作，力争五年内实现电子职工书屋全覆盖，为全省广大职工提供贴心的读书和学习平台。

2016 年 5 月，湖北省总工会开通全国工会电子职工书屋阅读系统，首批 12 万职工免费受益。全省各主要市及相关示范地区、产业系统先后陆续实现规模开通，职工用户数不断增加。开通使用的工会组织和职工读者表示，该阅读系统功能时尚、内容富有特色，是省总工会和各级工会为广大职工提供的一份厚礼。

2016 年 6 月中旬，为进一步丰富职工文化生活，利用“互联网 +”做好职工教育工作，培养和激发广大职工的读书热情，在全国工会电子职工书屋建设项目组的支持下，青海省总工会正式开通电子职工书屋，建立职工书屋线上线下多重载体。首批定制的 11 万张电子职工书屋阅读卡陆续发放到职工手中，11 万名工友率先享受到电子职工书屋的服务。

2017 年 2 月，在 2016 年为青海省第一批 11 万名职工发放电子职工书屋阅读账号后，青海省总工会进一步配置应用电子职工书屋阅读触屏。2017 年 2 月 25 日，在省总工会一楼大厅，省总工会党组书记李忠、经审会主任韩生华等省总工会领导和干部职工体验使用了阅读触屏功能，对期刊、有声书、手机扫描二维码直接下载图书等功能赞不绝口。李忠表示，阅读触屏首页滚动播放新闻、通知的功能为工会工作提供了便利，手机扫描二维码可直接将图书、有声书、期刊等阅读资源下载到手机的功能十分新颖。

电子职工书屋具有内容丰富、针对性强、使用方便等优势，为青海广大职工提供了更加便捷、时尚、个性化的阅读学习方式，更好地满足少数民族职工日益增长的精神文化需求，成为新形势下打造工会系统服务职工网络载体的重要渠道。省总工会表示，将组织推动电子职工书屋阅读触屏等最新建设成果在本省各级工会包括产业工会的陆续配置。李忠强调，要把职工书屋建设及电子职工书屋建设作为职工素质建设工程的新抓手，高度重视、大力推广，着力打造“指尖上的阅读”，让职工享受“一人一书屋，无处不阅读”的数字阅读新体验，为广大职工学习提供便利、时尚的服务。

为进一步丰富职工的业余文化生活，适应广大职工数字化阅读需求，沈阳市总工会在不断加强各企事业单位实体职工书屋建设的同时，积极利用互联网平台，正式开通电子职工书屋。首批定制的 20 万张电子职工书屋阅读卡已陆续发放到广大职工手中，20 万名工友可率先享用电子职工书屋的阅读平台。

“互联网 +”工会的发展大局，为电子职工书屋建设和普惠职工提供了更强的信心和指导理念，沈阳市总工会正在继续深化发展“互联网 + 服务”工会性普惠工作，使广大职工可以尽快体验电子职工书屋的便利，并使之成为获取信息、提高职工队伍素质的利器。

2016年11月2—4日，全国建筑系统工会“互联网+服务”工作交流研讨会在杭州召开。中国海员建设工会、各省建设工会以及部分建筑企业工会等单位参加了此次研讨。全国总工会网络工作部和信息中心，工人日报、中国工人出版社、中工网等相关部门单位受邀参加。

推进“互联网+服务”工会工作建设是顺应时代发展要求，拓展工会组织发展空间的必然趋势。研讨会通过分享交流建筑系统工会开展“互联网+服务”方面的优秀经验做法，推动建筑系统各级工会组织积极适应互联网发展和职工生活方式的深刻变化，引导工会充分运用新媒体手段，继续推进“互联网+服务”工会工作，做好项目工会组建和服务农民工等方面的工作。

自2016年电子职工书屋正式上线以来，中国海员建设工会率先成为在全行业推动电子职工书屋普惠职工的产业工会，目前各企业正相继开通。

2016年5月16日，内蒙古自治区呼和浩特市总工会成规模地开通全国工会电子职工书屋阅读系统，定制的首批电子职工书屋阅读卡陆续发放到10万名职工手中。

从此，内蒙古自治区首府的广大职工尤其是年轻职工，通过全国总工会统一组织设计建设的职工阅读系统，无论身在何处，都可以通过电脑PC端和手机App等，阅读到日新月异、丰富多彩的新知识。这项利用“互联网+”技术打造的全国工会系统服务职工网络载体的新成果——电子职工书屋，更好地满足了内蒙古自治区广大职工，特别是“80后”“90后”年轻工友们碎片化的阅读习惯，成为年轻职工获取信息、提高素质、提升技能的网络学习平台。

2016年10月19日，陕西省商洛市召开建设“职工书屋”评树学习标兵职工读书活动现场会，商洛市委宣传部、市机关工委及市总工会集中对159家市级职工书屋和102名学习标兵进行了命名表彰，并赠送全国工会电子职工书屋阅读卡。

2016年7月26日，为充分利用“互联网+”做好职工教育工作，打造实体与电子相结合的职工书屋，向广大职工提供内容丰富、独具特色和便捷时尚的数字阅读平台，提升职工综合素质。在中国工人出版社的支持下，四川省攀枝花市总工会为本市各区县、产业、企业等单位职工陆续开通电子职工书屋阅读系统。业余时间，职工们可以通过手机或电脑终端，在电子职工书屋阅读平台上浏览电子书、期刊和音视频等学习资源，打破了读书场所的限制，极大提升了图书阅读率，丰富了精神文化生活。

2016 年 7 月，为进一步扩大职工书屋的覆盖面，让更多的职工受益，深圳市宝安区总工会在建设实体职工书屋的同时，开通全国工会电子职工书屋阅读系统，首批受益者为 265 家各类企事业单位的 15 万名员工。在区工人（职工）服务中心不断做实、做优工作的过程中，更多的职工享受到工会的这项文化学习、提高素质的服务。

2016 年 4 月 25 日，中铁建工集团北京分公司工会以“互联网 + 职工书屋”为建设思路，在公司机关和所属各项目部开通全国工会电子职工书屋阅读系统，以满足广大职工日益增长的数字阅读学习和精神文化的需求。为更好地发挥职工书屋的“精神绿地”作用，北京分公司工会启动职工书屋读书季系列活动，同步开展实体书屋与电子书屋建设。

读书季系列活动包括“每天阅读半小时”读书交流会以及“畅游书海”读书活动，直供读者通过职工书屋和电子书屋阅读书籍，参与“推荐一本好书，摘抄一段美文，分享一次感悟”读书交流。工会下拨专项资金，鼓励各项目部开展“一人一本”荐书活动，职工下书单，工会来埋单，所购图书由项目工会统一管理，建成职工书屋流动图书角。“畅游书海”读书活动重点服务农民工，各项目部充分利用现有资源，派专人通过农民工夜校、农民工服务站等，对电子职工书屋账号使用方法进行指导学习，让农民工真正享受到网络借阅的乐趣。同时，利用流动图书角把好的文化产品带到每一个农民工身边，努力实现文化权益均等的目标。公司还组织开展“我与书屋的故事”有奖征文活动，让职工充分享受职工书屋给工作和生活带来的帮助。

2016 年 8 月 18 日，在中建二局 2016 年“送文化、送清凉、送安康”活动中，万达城项目职工收到了一份特殊礼物——全国总工会电子职工书屋阅读卡，从此可以在工作之余随时随地读到自己喜欢的读物。

中建二局始终重视职工素质提升，利用职工书屋、职工读书小组等广泛开展“五小发明、职工创新”等活动，公司职工书屋获得了全国工会职工书屋示范点称号。全国总工会电子职工书屋一经推出，公司第一时间制定了实施方案，要求各分公司、直管项目工会要把电子职工书屋的推广使用作为职工素质建设、保障和服务职工文化生活的重要工作，高度重视，统一安排和部署，确保电子职工书屋广泛覆盖，使职工普遍受益。

目前，该公司首批办理的3000余张电子职工书屋阅读卡已经发放到全体职工手中。同时，公司决定利用每年“三送”，逐步为项目农民工发放电子职工书屋阅读卡。

2016年9月8日，广东省工业设备安装有限公司依托职工书屋开展读书学习活动，董事长向公司中层干部赠书，公司同时开通电子职工书屋。公司工会结合企业施工项目点多面广、干部职员分布全国各地的实际情况，加快建设与开通电子职工书屋，通过数字阅读平台分享推荐好作品给全体员工，引导员工通过读书提高自身素质。

近年来，公司十分注重引导各级管理人员读书学习、增强本领，不断营造“勤学习、爱读书、读好书”的良好企业氛围。电子职工书屋的建设，不仅满足广大职工日益增长的文化精神需求，而且极大地丰富了职工的业余文化生活，使职工在工作之余养成良好的阅读习惯，也成为公司打造职工文化素质提升工程、营造学习型组织的新平台新载体，引导职工以更好的状态、更饱满的热情投身于公司的发展事业。

……

从乌苏里江畔到帕米尔高原，从内蒙古草原到五指山下，从首都北京到改革开放的前沿鹏城，百万职工群众中呈现出这样一种场景：

无论在单位、在家还是在路上，只要用电脑上网或拿出手机，手指轻点，就能随时随地读到内容丰富并富有特色的电子书、期刊、有声读物等各种阅读资源，这就是全国总工会统一建成的全国工会电子职工书屋阅读系统。

电子职工书屋的未来

数字阅读的普及为广大职工读书成才、丰富精神文化生活提供了更多的内容和更便捷的渠道，同时也呼唤职工书屋向数字化方向延伸。职工书屋经过近 10 年的发展，已成为各地工会和企业组织文化阅读活动、培养职工良好阅读风尚、营造职工学习氛围、加强职工素质教育的重要阵地。在纸质阅读的基础上开辟数字阅读的功能，为广大职工提供更便利的阅读方式，是职工书屋创新发展的要求。

电子职工书屋在互联网中延伸阅读空间，使职工书屋的文化阵地作用得到更大地发挥和无限地延展。随着电子职工书屋的建成，不仅加速了知识与文化的传递和普及，还能通过大数据收集、挖掘、分析、整合等技术方式，更好地为企业、职工服务。

发展数字阅读并不是要取代传统的纸质阅读。读书是思想性的过程，在一页一页翻阅内容，一行一行研读文字的同时，人的内心在进行着深刻的思想文化熏陶，思想随着一个个文字的印入自由地汲取文化精髓，这种精神上的享受仍是数字化阅读无法代替的。因此，职工书屋数字化建设不是只做“互联网 + 阅读”的简单叠加，而是借助互联网的优势，与传统方式互相补充、互相促进、融合发展。

2016年9月27日,中华全国总工会党组书记、副主席、书记处第一书记李玉赋在全国“互联网+”工会普惠性服务现场推进会上强调,要深化“互联网+”工会普惠性服务工作，扩大工会工作的有效覆盖面,增强职工群众对工会改革的获得感。

10月18日，中华全国总工会书记处书记兼网络工作部部长赵世洪在听取相关汇报时指示，要结合全国工会网络建设规划和普惠职工政策的需求，进一步做好电子职工书屋的深入建设开发和开通普及工作。

2017年2月，中华全国总工会制定印发《全国工会网上工作纲要（2017—2020年）》，进一步将建设完善职工电子书屋服务系统列为新时期工会网上工作的重要内容。

“互联网+”工会的发展大局，为电子职工书屋建设和普惠职工提供了更强的信心和指导理念。按照建设总体规划，电子职工书屋将进一步拓展升级内容、端口和功能。内容方面，在初步建成前期电子图书内容的基础上，增加期刊、听书资源；端口方面，在PC端、App的基础上，增加微信端、PC客户端，以及落地阅读触屏等软硬件终端；功能方面，增加阅读互动社区、在线阅读活动等功能。今后，多种类型资源、多终端服务广大职工的网络数字化阅读系统将日益完善。

第六章

展望

党的十八大以来，以习近平同志为核心的党中央高度重视国家和社会的文化建设。2013 年 4 月 28 日，中共中央总书记、国家主席、中央军委主席习近平带着党和国家对工会组织及全国职工的关怀与期望，来到位于北京复兴门外大街的中华全国总工会机关大楼，对全国总工会书记处的领导同志发出指示和叮嘱：要高度重视广大职工的多样化需求，不断拓展职工成长成才空间，着力培养造就一大批知识型、技术型、创新型的高素质职工。

成为公共文化服务平台

高素质的职工从哪里来？从学习中来，从实践中来。而阅读是学习最直接的方式。推动职工阅读是引导职工自主学习、自我教育、自学成才的重要手段。职工书屋正是为职工阅读创造了基本的软硬件条件，是提高职工素质的重要平台，是推动职工阅读的必要措施。各省、直辖市、自治区和地市工会积极总结职工书屋建设的成绩，肯定了职工书屋建设在促进职工阅读学习方面发挥的重要作用。以职工书屋为载体，通过丰富多彩的读书活动、演讲比赛、文化沙龙、知识讲座等，为工会开展读书活动营造了良好的氛围，使提高职工素质变得可行、便捷。

2015 年 11 月 10 日，《全国总工会改革试点方案》将职工书屋同送温暖工程、五一劳动奖、工人先锋号、大国工匠、职工之家一起列为有全国性影响的工会品牌工程。

全国总工会 2015 年出台的《全国职工素质建设工程五年规划（2015—2019 年）》对职工书屋下一步发展作出明确部署。

2016 年 12 月 25 日，《中华人民共和国公共文化服务保障法》由中华人民共和国第十二届全国人民代表大会常务委员会第二十五次会议通过，其中明确表示将工人文化宫、职工书屋等纳入公共文化设施服务场所范围，从2017年3月1日起在全国正式颁布实施。

《国家公共文化服务保障法》要求各级人民政府应当充分利用公共文化设施，促进优秀公共文化产品的提供和传播，支持开展全民阅读、全民普法、全民健身、全民科普和艺术普及、优秀传统文化传承活动。

这意味着创建职工书屋将不仅仅是工会组织和各级企业关心的事，而将成为由政府主导、社会力量参与的公共文化服务的一部分。这无疑是对工会建设职工书屋的莫大支持，体现了党和国家对职工书屋事业，对产业工人队伍建设，对工人阶级作为国家主人翁和主力军的重视与关怀。

书屋筑就中国梦

为进一步贯彻党中央的群团工作会议精神，贯彻落实李建国同志关于做大做强职工书屋品牌工程的重要指示精神，深入开展“中国梦·劳动美——喜迎党的十九大”主题宣传教育活动，在全国工会职工书屋建设进入第10个年头、迎接“4·23世界读书日”之际，全国总工会下发《关于开展“阅读经典好书　争当工匠人才”全国工会职工书屋主题阅读交流系列活动的通知》（以下简称《通知》），在全国广大职工中开展职工书屋主题阅读交流系列活动，为造就一支有理想守信念、懂技术会创新、敢担当讲奉献的宏大产业工人队伍贡献力量。开展的系列活动包括：通过全国工会职工书屋建设领导小组办公室推荐和各地工会、职工参与推荐相结合的方式，面向全国职工宣传推荐阅读；从职工书屋建设模式、功能环境设计、阅读活动策划创意，以及读书成才职工个人、优秀职工书屋管理者、富有活力的职工阅读组织团体等方面选树若干典型；邀请有关知名人士、劳动模范、大国工匠、读书成才职工个人或团体组合为职工书屋及职工阅读活动作公益品牌代言，扩大职工书屋的品牌内涵和影响力。《通知》要求各级工会组织配套开展丰富多彩的职工阅读活动，并组织相关媒体、新媒体建立长效联动机制，共同开展职工书屋建设和职工阅读相关成果、活动宣传工作。

2017年4月21日，“阅读经典好书　争当工匠人才”2017年全国工会职工书屋主题阅读交流活动启动仪式在北京举行。活动发布了全国工会职工书屋主题读书活动推荐读物，选树了一批职工书屋建设和职工阅读典型成果，并开展了职工书屋和职工阅读公益品牌代言活动。中华全国总工会党组书记、副主席、书记处第一书记李玉赋出席启动仪式并讲话，中华全国总工会党组副书记邓凯，中华全国总工会党组成员、经费审查委员会主任、全国工会职工书屋建设领导小组组长李守镇，以及中央宣传部、国家新闻出版广电总局有关领导出席了启动仪式。李玉赋指出：

举行“阅读经典好书　争当工匠人才”全国工会职工书屋主题阅读交流活动，对于推动在广大职工中形成多读书、读好书、善读书的良好风尚，培养造就更多的“大国工匠”，具有重要的意义。各级工会要把职工书屋作为加强职工思想政治工作，培育和践行社会主义核心价值观的重要平台，通过广泛深入开展这次主题活动，推动党的理论创新成果进企业、进车间、进班组、进头脑，把广大职工更加紧密地团结在以习近平同志为核心的党中央周围。聚焦提升技能素质，推动提升产业工人技术技能水平，积极引导广大职工刻苦学习、精研技艺，争当工匠人才。做大做强职工书屋品牌，推动职工读书学习活动不断深入开展，让越来越多的普通职工自觉成为劳模精神、劳动精神、工匠精神的传承者、践行者、诠释者。

李守镇指出：

10 年来，职工书屋从无到有、从小到大、由少及多，今天，全国职工书屋星罗棋布，遍布神州，已达 10 万余家。从制造车间到野外矿山；从高铁、大桥的施工现场到航天、电子的科研院所，一个个书屋，传递着知识的力量，一本本书籍，闪烁着知识的光辉，职工书屋已经吸引 6000 多万名职工前来学习和阅读，成为广大职工名副其实的精神家园。

活动还特邀全国总工会文工团国家一级演员、全国五一劳动奖章获得者萨日娜担任全国职工书屋公益品牌代言人。萨日娜与全国劳模代表郑贵有、王海军、赵艳芳以及企业一线职工代表分别朗诵了“中国梦·劳动美”职工作品《赞美你，新时代的劳动者》《劳动者时光》《书屋筑就中国梦》等，展现了当代劳模、职工的时代风采。大国工匠代表高凤林还宣读了《阅读学习倡议书》，向全国职工发出阅读学习倡议，号召广大职工积极行动起来，充分利用职工书屋，以书为友，与书相伴，在阅读中砥砺思想，淬炼人生品格，涵养工匠精神，为实现中华民族伟大复兴的中国梦贡献自己的力量！

展望未来，新的起点，新的征程，职工书屋任重道远。

第一，职工书屋必须是一个让职工读者喜爱的“书屋”。

任何对职工书屋的改造和延伸都不能脱离它作为阅读场所的基本性质和功能。在此基础上，为满足职工群众不断增长的精神文化需求，职工书屋应变得更加亲和、更加丰富、更加多元化、更加温馨。它就像一个随时候命的文化教师，使读者的困惑、疑问、迷思都能在书屋里得到回应和解决。因此，未来的职工书屋既是图书阅览室，又是心灵咖啡厅，既可以让读者安静地独处，又能让大家聚在一起互相交流，成为一个集社会热点书籍学习阅读、研讨交流科技知识、心理辅导、思想道德教育、休闲身心于一体的综合文化平台。

第二，坚持给职工书屋提供优秀的精品图书。

职工书屋是传播社会主义核心价值观的载体，要充分发挥其精神文化产品育人、化人的重要作用。党和国家高度重视社会主义核心价值观建设工作。习近平总书记指出："要把培育和弘扬社会主义核心价值观作为凝魂聚气、强基固本的基础工程。"中共中央办公厅印发的《关于培育和践行社会主义核心价值观的意见》精辟明确了其主要内容，即富强、民主、文明、和谐、自由、平等、公正、法治、爱国、敬业、诚信、友善。职工书屋作为倡导和促进全民阅读的公共文化工程之一，对培育和践行社会主义核心价值观有着重要的承载和推动作用。

近10年来，职工书屋建设坚持以传播社会主义核心价值观为己任，在选配图书方面既注重知识性、可读性，又注重实用性、教育性，不断为广大职工增添精神力量。未来，职工书屋将进一步在图书创新上做文章，继续弘扬主旋律、传播正能量，挑选职工喜闻乐见的精品图书。全国工会职工书屋图书配送中心与几十家优秀出版单位建立的阅读资源采集合作机制，保证了在图书精选的基础上形成上万种优秀适用的读物，并且不断更新品种，传播社会主义核心价值观。

第三，进一步支持一线产业工人、农民工聚集的地区、产业系统单位，向革命老区、少数民族地区、边疆和经济欠发达地区倾斜。

近10年来，职工书屋建设在全国总工会的组织领导下，始终坚持正确的政治导向，坚持为企业、为职工群众服务的宗旨，努力扩大在学习条件不足地区职工书屋建设的覆盖面。全国总工会扶持建设的9200多家全国职工书屋示范点，以及带动各省、各地自主建设的10万家职工书屋，星罗棋布在全国各地工会基层组织、工矿企业和机关。

目前，一线产业工人、农民工聚集的地区、革命老区、少数民族地区、边疆和经济欠发达地区的一线职工的读书条件仍然相对匮乏。未来对这些地区职工书屋的建设与发展，在政策、资金、组织、图书选择与配送，以及职工书屋管理人员的培训等方面都会给予特殊的照顾和优惠，让这些地区的职工尤其是农民工兄弟姐妹们共享改革开放和文化发展的成果，共享读书学习必备的文化资源。

第四，加强电子书屋建设，实现职工“指尖阅读”。

经过多年来的努力，全国工会电子职工书屋的内容与功能都有了进一步的拓展升级，不断向职工提供适合文化生活和科学技术等普遍需求的阅读资源。除了丰富多彩的大众文化生活、职工素质技能等方面，以及涉及图书、期刊、有声书等多种类型的阅读资源外，还将进一步形成全国工会职工原创作品共建共享体系，形成在线阅读互动社区，与实体职工书屋建设和活动开展形成有机配合。

按照全国总工会的统一部署，未来的电子职工书屋建设将不断进行功能与内容的完善及推广使用工作，逐步扩展到各级工会和基层企事业单位，逐年递增推广使用电子职工书屋。力争从2016年起，用五年左右时间，覆盖基层单位超过10万家，发展职工用户超过5000万人，并逐步实现全国工会组织、基层企业单位和广大职工、农民工的普遍覆盖，努力实现李建国同志提出的“共同把职工书屋品牌工程做大做强”的要求，真正让全国工会电子职工书屋变成一个可随身携带的“数字图书馆”。

第五，职工书屋活动形式多样，内容丰富多彩，更加吸引人。

未来的职工书屋，将会定期举办各种丰富多彩、新颖活泼的读书会、培训会、演讲比赛、文化沙龙、文学创作、书画展览以及各式文艺活动，将会更加吸引人、感染人，激发职工群众参与的热情与激情。

未来的职工书屋，还将更加注重与“职工帮扶服务中心”“职工之家”有机地结合起来，广泛调动职工践行社会主义核心价值观，推动社会主义核心价值观不断转化为社会群体意识和人们的自觉行动。

伟大的时代创造恢宏的业绩，创造伟大的工程。

2017年是职工书屋这项职工文化普惠工程、民生工程和民心工程启动建设的十周年。十年磨一剑，全国工会职工书屋已从初始河南省安阳市内黄县的“星星之火”，燃遍了共和国960万平方公里的炙热土地，给全国几亿职工带来了知识阅读、文化阅读、历史阅读、文学阅读、法律阅读、管理阅读，使职工提升了素质、开阔了眼界、增加了幸福指数。

万象始更新。在新的一年、三年、五年、十年……职工书屋将进一步扩大覆盖面，为全国广大职工提供更多优秀的精神文化读物。职工书屋也将在不断创新中发展、丰富自己，以适应广大职工读者，特别是年轻职工、农民工不断提升的精神文化需求。

在全国总工会的领导下，广大工会干部和职工书屋工作者一定会乘国家推进现代公共文化服务体系的东风，充分发挥主观能动性、积极性和创造性，将职工书屋精心打造成诚挚服务与联系职工，更具时代鲜明特色和社会影响力的越来越大的工会工作品牌，日益成为职工群众的美好精神家园，成为实现中华民族伟大复兴的中国梦的文化平台。

大事记

• 2006 年

在全国总工会、河南省总工会及内黄县总工会等的多方努力下，全国首家职工书屋于 11 月 3 日在河南省安阳市内黄县正式落成。时任中华全国总工会副主席黄彦蓉等为职工书屋揭牌。

• 2007 年

4 月中旬，全国总工会宣教部与中国工人出版社组成调研小组，赴内黄县总结职工书屋建设经验，并提出在全国建设工会职工书屋的方案。时任中华全国总工会党组书记、副主席、书记处第一书记孙春兰和中华全国总工会副主席、书记处书记乔传秀等对这项工作给予充分肯定。

6 月 12 日，乔传秀率相关部门负责人赴内黄县进行专题调研，就计划开展职工书屋建设工作与当地工会企业人员和职工读者进行现场交流。

11月9日，孙春兰主持召开全国总工会书记处会议，专题讨论在全国实施职工书屋工程。会议认真审议了《“职工书屋”建设实施意见》《关于“职工书屋”筹建工作的汇报》《“职工书屋”示范点建设资金使用与监管办法》，确定成立全国工会职工书屋建设领导小组，并在中国工人出版社设立全国工会职工书屋图书配送中心。

• 2008年

1月3日，全国工会职工书屋建设工作电视电话会议在全国总工会举行，部署全国工会职工书屋建设工作。时任中共中央政治局委员、中华全国总工会主席王兆国对这项工作高度重视，指示全国总工会书记处一定要办好职工书屋，并亲自为职工书屋题写牌匾。

1月18日和23日，全国总工会办公厅向全国各省、直接市、自治区总工会印发了《中华全国总工会关于开展全国工会“职工书屋”建设的实施意见》和《中华全国总工会办公厅关于申报全国“职工书屋”示范点的通知》。

3月10日，全国工会职工书屋建设领导小组召开第一次会议，时任中华全国总工会副主席、书记处书记、全国工会职工书屋建设领导小组组长倪健民就做好职工书屋建设工作进行了部署。

4月14日，第一批1000家职工书屋示范点图书配送工作正式启动，倪健民率全国总工会职工书屋建设领导小组全体成员到图书配送物流基地现场指导工作。

8月，时任国家新闻出版总署党组成员、副署长邬书林等对职工书屋建设工作给予高度评价："职工书屋工程有利于培养全民读书，形成良好的社会风气，是建设和谐社会、利国利民的一项重大举措。"

• 2009年

5月，为促进全国工会职工书屋建设工作经验和信息的交流，全国工会职工书屋图书配送中心开始编发《职工书屋通讯》。

7—11月，全国总工会宣教部组织开展"读书——助我素质提升"主题读书征文活动，促进了职工阅读学习活动的开展。

11月，在中宣部、国家新闻出版总署共同主办的全民阅读活动经验交流会上，全国工会职工书屋建设工程荣获“全民阅读优秀项目奖”。

12月，中国工人出版社在落实全国工会职工书屋图书配送中心职能的基础上成立职工书屋工作办公室，在全国工会职工书屋建设领导小组的领导和全国总工会宣教部的协调指导下进一步加强全国工会职工书屋建设工作。

• 2010年

3月，全国工会职工书屋建设领导小组成立专刊编委会，《职工书屋通讯》改版为《职工书屋》专刊。

4月，职工书屋建设被列入《全国职工素质建设工程五年规划（2010—2014年）》。

7月，职工书屋名称及标志在国家工商总局商标局进行商标登记注册。

• 2011年

1月18日，时任中华全国总工会党组书记、副主席、书记处第一书记王玉普在全国总工会十五届五次执委会议上的工作报告中指出，要推进职工书屋建设，大力开展向农民工送文化活动。

6月20日，倪健民在《工人日报》发表文章《打造工会文化品牌工程的成功尝试——写于“职工书屋”建设三周年之际》，系统总结了职工书屋三年来所取得的经验、成果，并就深入做好职工书屋工作做出了理论探索。

9月26—29日，首期全国工会职工书屋管理人员交流培训班在山东青岛举办。

11月29日，王兆国在安徽考察调研时强调，要加强基层文化阵地建设，充分发挥工人文化宫、俱乐部和职工书屋的作用，建设先进企业文化、职工文化。

- **2012年**

4-7月，全国总工会开展“面对面、心贴心、实打实服务职工在基层”活动，建设155家全国工会职工书屋示范点。

12月，职工书屋工程完成首个五年建设任务，建成全国级示范点5000家，带动各地工会建成职工书屋逾5万家。

- **2013年**

1月30日，全国工会职工书屋专项工作网站

www. qzzgsw. com 正式上线。

7 月 25—26 日，第三期全国工会职工书屋管理人员交流培训班在北京举办，围绕职工书屋今后五年发展规划进行了深入研讨。

• 2014 年

1 月 27 日，全国总工会印发《全国工会职工书屋建设工程五年规划（2014—2018 年）》，提出“综合化、便利化、数字化”的发展方向。

4 月 17 日，全国总工会组织开展“争当学习型职工读书行动”。

8 月 28—29 日，第四期全国工会职工书屋管理人员交流培训班在内蒙古自治区呼和浩特市举办，专题研究职工书屋数字化延伸发展。中华全国总工会党组成员、经费审查委员地主任、全国工会职工书屋建设领导小组组长李守镇对下一步职工书屋建设，特别是推进职工书屋数字化建设作了部署。时任中国工人出版社党委书记、社长、总编辑、全国工会职工书屋建设领导小组副组长李庆堂作了《科学实施电子职工书屋工程，大力推进职工书屋数字化建设》的主题发言。

12月，按照全国总工会的统一部署，中国工人出版社设立数字传播中心（与职工书屋办公室合署办公），调集专门人员筹备电子职工书屋建设工作。

- 2015年

3月，《全国工会电子职工书屋建设工作总体方案》获全国工会职工书屋建设领导小组审议通过，并被列入全国总工会当年工作要点。

4月，时任中华全国总工会副主席、书记处书记刘国中在电子职工书屋建设相关汇报上批示，“有利于出版社创新发展和更好地服务职工群众，总体赞成”。

10月21日，中共中央政治局委员、中华全国总工会主席李建国视察中国工人出版社，指示要把职工书屋作为重要的工会工作和品牌工程做大做强。

12月21—23日，第五期全国工会职工书屋管理人员交流培训班在京举办，李守镇和王晓峰、朱思泽等在培训班上共同启动开通全国工会电子职工书屋阅读系统。

12月，《全国总工会改革试点方案》将职工书屋列为中国工会工作品牌之一。

- **2016年**

1月，全国总工会印发《关于做好全国工会电子职工书屋推广使用工作的通知》，提出争取利用五年左右时间，逐步实现电子职工书屋在各地工会组织、基层单位和广大职工的普遍覆盖。

6月13—15日，中华全国总工会党组书记、副主席、书记处第一书记李玉赋在重庆调研工会改革和基层工会建设工作时，在基层企业项目工地群团服务站职工书屋写下“学好书、读好书，提升素质、增强本领，争当工匠人才”的寄语，与广大职工共勉。

10月18日，中华全国总工会书记处书记兼网络工作部部长赵世洪听取电子职工书屋建设相关汇报，强调要结合全国工会网络建设规划、应用前沿技术，进一步做好电子职工书屋的开发建设和普及工作。

11月17—18日，第六期全国工会职工书屋管理人员交流培训班在沈阳举办。

12月底，第十二届全国人民代表大会常务委员会第二十五次会议通过《中华人民共和国公共文化服务保障法》，将职工书屋和工人文化宫一并纳入国家公共文化设施服务场所范围。

- 2017年

2月，全国总工会制定印发《全国工会网上工作纲要（2017—2020年）》，将进一步健全电子职工书屋阅读系统列入重点建设的十类应用中“宣传教育类项目”。

4月21日，“阅读经典好书 争当工匠人才”2017年全国工会职工书屋主题阅读交流活动启动仪式在北京举行。中华全国总工会党组书记、副主席、书记处第一书记李玉赋出席启动仪式并讲话，中华全国总工会党组副书记邓凯向全国总工会文工团国家一级演员、全国五一劳动奖章获得者萨日娜颁发职工书屋公益品牌代言人证书，中华全国总工会党组成员、经费审查委员会主任、全国工会职工书屋建设领导小组组长李守镇，以及中央宣传部、国家新闻出版广电总局有关领导致辞，部分专家学者、劳模代表，主要省市、企业工会负责人和职工代表参加启动仪式。

主要参考文献

报刊类

《人民日报》《光明日报》《工人日报》《中国新闻出版广电报》

图书类

乔东.工会宣传教育工作实用全书(修订版)[M].北京：中国工人出版社，2015.

文件类

《中华全国总工会关于开展全国工会“职工书屋”建设的实施意见》

《全国工会职工书屋建设工程五年规划(2014—2018)》

《关于进一步加强和规范全国工会职工书屋图书配送工作的通知》

《中华全国总工会关于做好全国工会电子职工书屋推广使用工作的通知》

图书在版编目（CIP）数据

职工书屋 / 张帆编著. —北京：中国工人出版社，2017.5
（中国工会工作品牌丛书）
ISBN 978-7-5008-6703-6
Ⅰ. ①职… Ⅱ. ①张… Ⅲ. ①工会工作—概况—中国
Ⅳ. ①D412.6
中国版本图书馆CIP数据核字（2017）第123971号

职工书屋

责任编辑 罗荣波
责任校对 孙逎伟
责任印制 栾征宇

出版发行 中国工人出版社
地　　址 北京市东城区鼓楼外大街45号　邮编：100120
网　　址 http://www.wp-china.com
电　　话 （010）62005043（总编室）
（010）62005039（出版物流部）
（010）82075935（工会与劳动关系分社）
发行热线 （010）62004002　（010）82081553（传真）
经　　销 各地书店
印　　刷 三河市万龙印装有限公司

开　　本 787毫米×1092毫米　1/32
印　　张 5.375　**字　数** 80千字
版　　次 2017年7月第1版　2021年9月第4次印刷
定　　价 38.00元